魔法の アルミホイルレシピ 100

監修　たけだバーベキュー

はじめに

バーべ！ どうもこんにちは！ BBQ芸人たけだバーベキューです。

僕は名前の中に"バーベキュー"が入っているほどBBQが大好きで、これまで10年以上、バーベキューに明け暮れた日々を送っています。そんな僕のバーベキューライフに**欠かせないもの**がひとつあります。**それがアルミホイル**です。野菜でも魚でも、アルミホイルでクルッと包んで炭の上にポンと置く。ただこれだけの**簡単作業で毎回めちゃ旨な料理**が仕上がっていました。

アルミホイルの何が魅力的かというと、網で肉や野菜を焼く場合、焦げないようにトングでひっくり返したりと何かと面倒を見る必要がありますが、アルミホイル料理だと**ほったらかしでも焦げる心配がない**というところ。そして、アルミホイルで包んで焼くので**網も全然汚れない！** そんな時、僕はあることに気付きました。

「おや、待てよ。これはアウトドアだけじゃなく、というより**インドアでこそ、そのパワーを発揮するんじゃないか**」と。

僕の予想は見事的中。インドアでのアルミホイル料理は感動の一言でした。
「できない料理はないんじゃないか」ってぐらいに様々な料理がアルミホイルで再現できました。しかもアルミホイルをそのまま器にして食べるので**洗い物が出ない！** そして、調理もホイルで包んでトースターのタイマーをクルッと回しておくだけなので、**面倒な火加減の調節もなく、僕のようなズボラ男子にはぴったり**だったのです！

トースターのタイマーが"チン"と鳴って、出来上がったホイル料理を取り出す時のあの幸福感。そして、そのホイルを開け、湯気がモワ～と上がった瞬間の恍惚感。それは何物にも代えがたい。**あんなに幸せな瞬間はない！**

だから、僕は思うのです。**アルミホイルの可能性は∞（無限）である**と！
さぁ行きましょう、素晴らしきアルミホイルの世界へ！

たけだバーベキュー× **アルミホイル** ×BBQ
三位一体のやぶれない関係

前ページでも書きましたが、
バーベキュー調理に欠かせない相棒、それがアルミホイルです。
そこで、まずは僕が実践している、
アウトドアにおけるアルミホイルの活用法をこっそり教えましょう！

＜BBQにおけるアルミホイル活用術＞

1 アルミホイルで包んで旨味を封じ込める

ステーキを焼いたあとにアルミホイルで包み、そのまま数分ねかせる時があります。焼き終えてからそのまますぐに切ると、せっかくの肉汁があふれ出てしまいますが、こうやってアルミホイルでくるむことで肉汁が落ち着き、旨味を封じ込めることができるのです。

2 アルミホイルでくるんで火の中へポイッ！

たき火の中に入れる焼き芋と同じ方法で、さつまいもや里芋、じゃがいもなどはアルミホイルでくるんでそのまま火の中に入れる。それもアルミホイルの魅力。放り込むだけで一品できる簡単さ＆炭火の魔力でホクホクに焼き上がるのです。

3 即席のふたとして活躍する！

塩釜焼きにアルミホイルをかぶせたり、マシュマロを溶かしたり、鉄板料理で全体的に蒸らしたりなど、アルミホイルは熱を閉じ込めてまんべんなく火を入れたい時に威力を発揮！　即席のふたとして活用できるので、アウトドアで活躍します。

アルミホイルの可能性は ∞

変幻自在のアルミホイルを使って、
簡単・ヘルシー・激ウマ料理を！

合言葉は「包んで焼いて食べたらポイっ！」
アルミホイルのココがすごい！

鍋いらずだから洗いもの激減！

鍋やフライパンは使用せず、アルミホイルがその調理器具の代わりをしてくれます。アルミホイルのまま食卓に並べ、食べたらそのままアルミホイルを捨てるだけなので、面倒な洗いものも少なくてすみます。

とにかく簡単！

基本的なアルミホイル調理は、具材をアルミホイルの上に広げ、そこに調味料をかけてホイルをしっかりと包み、トースターで加熱するだけ！ ムラなく火が入るので、難しい火加減調節もいらず、お料理ビギナーでも上手にできます。

時短になる！

下ゆでなどがいらないので調理時間を大きく短縮できます。トースターに入れたら基本は放っておけるので、その時間をほかのことに有効活用。たとえば朝の忙しい時、トースターにアルミホイル調理のものを入れるだけでお弁当のおかずも作れちゃいます。

油カットでヘルシー！

フライパンで調理するとき、必ず入れる油。アルミホイル調理なら、その油をカットできます。アルミホイルで包む場合は油を使わず蒸し焼きにするので、炒めたり焼いたりするよりもカロリーを控えることができるのでヘルシーに！

旨味を逃がさず！

アルミホイル包みは蒸気の力で蒸すので、素材そのものの持つ美味しさや甘さを引きだし、旨味や香りを逃がさずふっくら＆ジューシーに出来上がるのが特徴。また、アルミホイルの中で食材が動きにくいので、出来上がりもキレイ！

〈 アルミホイル調理の注意点 〉

- トースターでの調理が基本ですが、フライパンや魚焼きグリルでも調理は可能です（→ P12）。ただし、電子レンジでの調理は絶対にダメ。アルミホイルから火花が生じる可能性があります。（電子レンジに付いたトースター機能を使うなら可。ただし、天板を使用すること）。

- アルミホイルで包まず、表面に焼き色をつけたりする場合、食材の油がはねて発火する場合があります。トースターに食材を入れているときは、細心の注意を払い、出来具合を見ながら調節を。

この本で使用する アルミホイルの包み方

変幻自在に形作れるのがアルミホイルの利点！ その特性を生かし、調理法にあった包み方（または器）を手作りするのも、アルミホイル調理の醍醐味と言えます。基本的な包み方を紹介しますが、慣れてきたら自分の使いやすいようにアレンジするとよいでしょう。

シンプル包み

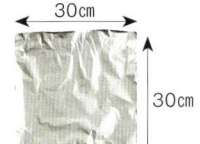

ホイル包みの基本

30cm × 30cm

●用意するもの
・幅30cm×長さ30cmのアルミホイル

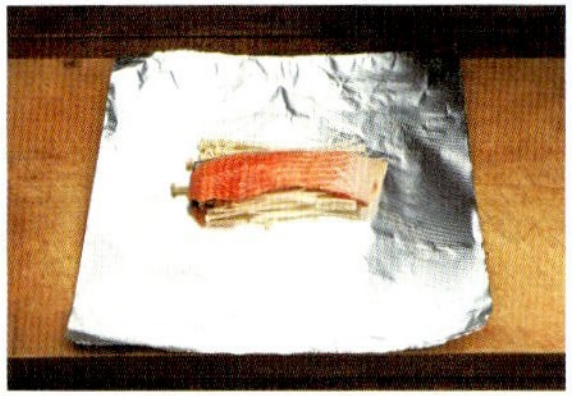

❶アルミホイルの中央に食材をのせる。上下左右にしっかりと余裕をもたせるのがコツ。

❷食材を包み込むように上下のアルミホイルを合わせ、口を二重に折ってしっかり閉じる。

❸左右の口も二重に折り、しっかり閉じて密封する。

❹4すみの角を写真のように三角に折り上げ、調味液が漏れるのを防ぐ。

完成

★こんな料理にオススメ
ホットカプレーゼ（P28）、タラときのこのホイル焼き（P49）柚子こしょうの辛味鶏（P58）、えだ豆ペペロンチーノ（P109）など、調味液の少ないもの、または1人分ずつ調理するものに向いています。

封筒包み

ふっくらジューシー

45cm

30cm

●用意するもの
・幅30cm×長さ45cmのアルミホイル、トレイ（天板でも可）

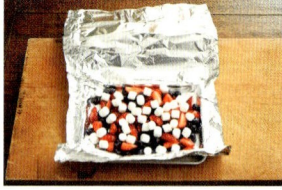
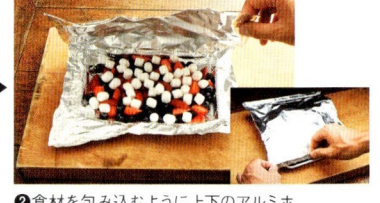

❶トレイの上にアルミホイルを縦長にのせ、トレイの形に合わせてアルミホイルを折り込み、中央に食材をのせる。

❷食材を包み込むように上下のアルミホイルを合わせ、口を二重に折ってしっかり閉じる。

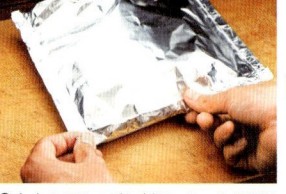

❸左右の口も二重に折り、しっかり閉じて密封する。調味液が多い場合は液漏れを防ぐために三重に折るとよい。

❹4すみの角を写真のように三角に折り上げ、調味液が漏れるのを防ぐ。

完成

★こんな料理にオススメ
アクアパッツァ（P44）、煮込みハンバーグ（P50）、パエリア（P70）、こく旨焼きそば（P80）、アサリの酒蒸し（P92）など、調味液のやや多いもの、2人分をまとめた調理に向いています。

BOX スタイル

焦げめもつけられる

●用意するもの
・幅30cm×長さ50cmのアルミホイル

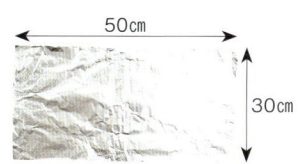

❶アルミホイルを半分に折り、両はじを二重に折る。

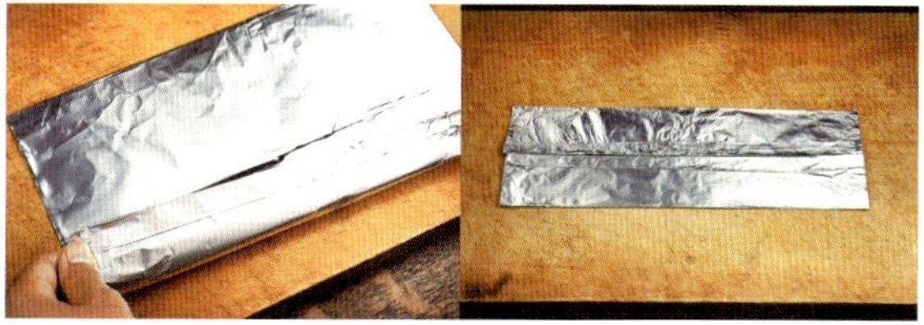

❷はじを折った部分が上下にくるように置き、アルミホイルを中央で半分に折ってから開き、その折り目に向けて上下を折りたたむ。

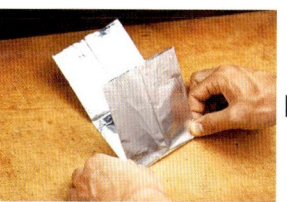

❸作りたいBOXの大きさに合わせて左右に折り目をつける。食材や調味液の量から箱の面積や高さを推測して折り目をつけること。

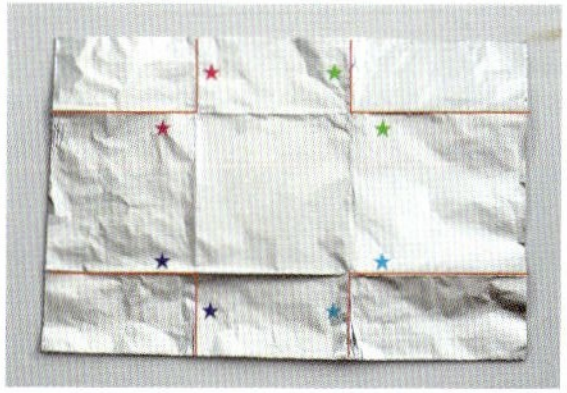

❹アルミホイルを広げ、付いた折り線の☆と☆同士を合わせ(写真)、ひだは内側に寄せる。

★こんな料理にオススメ
納豆オムレツ(P22)、牛しぐれ煮(P32)、豆とソーセージのトマトグラタン(P59)、アヒージョ(P82)、ちくわとミョウガのマヨネーズ焼き(P97)、スイートポテト(P118) など、表面に焼き色をつけるものや調味液の多いものに向いています。

完成

❺余っているアルミホイルのひだをBOXの高さの部分で一度折り、さらにBOXの内側にもう一度折る(これにより強度が増す)。

❻これで片側が出来上がり。反対側も同じように❹、❺の作業を行う。

アルミホイルの心得 3か条!

1
アルミホイルは厚手を使え!

この本のレシピは厚手のアルミホイル(厚さ20マイクロメートル)を使用しています。普通に売られているアルミホイルの場合は二重に重ねて使用するなど、途中でアルミホイルがやぶけないための工夫を。

2
液漏れには細心の注意を払え!

調味液が漏れるとトースターの火の部分にたれ、発火の原因になってしまいます。調味液が多い場合は必ず天板を使用し、さらに折り返しを多くするなど、漏れないための工夫をさまざまに施すこと。

3
加熱後のホイルは熱々だと忘れるな!

加熱後のアルミホイルはとても熱くなっているので、やけどに注意しましょう。鍋つかみのような厚手のものよりも、手を自由に使える軍手を用いると便利。また、加熱後のアルミホイルを開けるとき、蒸気が勢いよく上がるのでやけどしないように気をつけて。

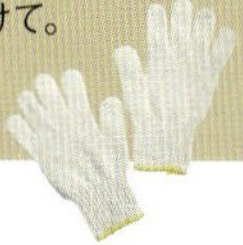

魔法の アルミホイルレシピ 100　**Contents**

はじめに……2
アルミホイルのココがすごい！……4
この本で使用するアルミホイルの包み方……6
本書の楽しみ方……12

Part 1
サイドメニュー

001　アンチョビポテトのローズマリー焼き……14
002　アンチョビキャベツ……16
003　トマたま……16
004　くりぬき豆腐のしょうが味噌……18
005　野菜ステーキ……20
006　豆腐の茶碗蒸し……22
007　納豆オムレツ……22
008　時短！豚もやポン……23
009　厚揚げのスイートチリソース……23
010　いわし缶のトマト煮……24
011　新玉ツナマヨ……25
012　ホタテのバターしょうゆ……25
013　バーニャカウダ……26
014　ホットカプレーゼ……28

015　カップ目玉焼き……29
016　味噌と豆乳のクリーミーマカロニ……30
017　牛しぐれ煮……32
018　キャベツと豆のサブジ風……32
019　海老とブロッコリーの中華蒸し……33
020　しいたけピザ……33
021　野菜まるごと焼き……34
022　クラムチャウダー……36
023　ミネストローネ……36
024　キムチと春雨のスープ……38
025　ミニポトフ……39

包み方番外編その1……40

Part 2
メイン料理

026　ローストビーフ……42
027　アクアパッツア……44
028　肉汁つくね……46
029　麻婆豆腐……47
030　シシカバブ……48

031 タラときのこのホイル焼き……49
032 サバの味噌煮……49
033 煮込みハンバーグ……50
034 タンドリーチキン……52
035 ラタトゥイユ……53
036 筍と豚肉のオイスター蒸し……54
037 野菜炒め……54
038 鮭のちゃんちゃん焼き……55
039 豚バラのねぎ塩焼き……55
040 チーズフォンデュ……56
041 柚子こしょうの辛味鶏……58
042 豆とソーセージのトマトグラタン……59
043 チャプチェ……60
044 ヘルシー蒸しギョプサル……61
045 鯛のオレンジ蒸し……62
046 エビチリ……64
047 肉豆腐……65
048 鶏肉とレモンのハーブ包み……66
049 コンビーフ餃子……68
050 豚肉とレタスのさっぱりミルフィーユ……68

Part 3
ごはんもの

051 パエリア……70
052 チャーシューまん……72
053 ガパオライス……73
054 クリスピーピザ……74
055 ニョッキのクリーミーソース……75
056 彩り蒸し野菜のカレープレート……76
057 クスクスのトマトリゾット風……78
058 蒸しビーフン……79
059 ホットドッグ……79
060 こく旨焼きそば……80

Part 4
おつまみ

061 アヒージョ……82
062 鯵のねぎまみれ……84
063 長ねぎのリボルバー巻……86
064 即席チャーシュー……87

065　牡蠣のごま味噌土手焼き……88
066　せせりとセロリ……89
067　イカのわた焼き……90
068　マッシュルームの生ハム詰め……91
069　アサリの酒蒸し……92
070　プチトマトの小舟焼き……94
071　揚げパスタ……96
072　オクラの柚子こしょう……96
073　ちくわとミョウガのマヨネーズ焼き……97
074　スパムマスタード……97
075　きのこのジャングル焼き……98
076　きんちゃく納豆……99
077　やみつき手羽中……100
078　アンチョビパウダー……102
079　コロコロクルトン……102
080　カリカリベーコン……102
081　いわしの梅煮……104
082　つぶ貝のハーブバター……105
083　かまぼこチーズ焼き……106
084　ピリ辛こんにゃく……106
085　まいたけのしょうが酢焼き……107
086　ささみとアボカドのわさび蒸し……108

087　えだ豆ペペロンチーノ……109
088　カニとろろ……110
089　レンコンのすっぱ煮……111
090　タコとじゃがいものガリシア風……112

包み方番外編その2……114

Part 5
デザート

091　ふわとろマシュベリー……116
092　スイートポテト……118
093　チョコバナマッシュ……119
094　蒸しパン……120
095　ジンジャーチーズケーキ……120
096　フルーツグラタン……121
097　とろ～りスイーツロール……121
098　昔なつかしプリン……122
099　しあわせのフレンチトースト……123
100　ベイクドフルーツ……124

おわりに……126

本書の楽しみ方

イメージ写真

実際に調理した時の写真です。
材料で表記してある分量と一致
しない場合もあります。

Before 写真

火を通す前のアルミホイルに材
料をのせた状態を示しています。

調理器具

それぞれのレシピに適した調理器具を示しています。◎が最もオススメで
すが、○をつけている器具でも調理可能です。
＊フライパンに○がついているものに関して
フライパンでも調理は可能ですが、焦げやすくなるのでご注意を。なお、
フライパンの表面の加工によっては空炊きできないものがあります。その
場合は、フライパンに少量の水を入れ、食材を包んだアルミホイルをのせ、
ふたをして弱火で10～20分ほど蒸し焼きにするとよいでしょう。魚焼
きグリルの場合も同様で天板に水をはりましょう。

材料

・レシピごとに作りやすい分量を示しています。
・本の中に表示した大さじ1は15ml、小さじ1は5ml、1カップは
　200mlです。
・にんにく、しょうがのすりおろしはチューブのものを使用してもかまいま
　せん。チューブのほうが手軽に作れます。
・青ねぎとは浅つきや万能ねぎのことです。お好みでどうぞ。

作り方

・トースターの加熱時間は、1000Wの場合の目安です。メーカーや機
　種によって温度は変わり、包み方によっても誤差が生じるので、加熱時
　間は目安と考え調節してください。トースター機能がついた電子レンジ
　の場合はレシピ内の加熱時間にプラス5分ほどと考えるとよいでしょう。
・☺ は作る時のポイントを示しています。
・プレヒートとは1000Wのトースターを10分間温めた状態のことです。

Part 1
Side Menu

夜ごはんにもう1品!
サイドメニュー

「なんとなくおかずがもの足りない…」というピンチを
救ってくれるサイドメニュー。
コンロでメインの料理を作っている間に、
トースターでアッと言う間にできちゃいます。
朝食やお弁当のおかずにぴったりのレシピも盛りだくさん!

Anchovy Potato

Side Menu

001

きっとクセになる、この美味しさは反則！
アンチョビポテトのローズマリー焼き

アンチョビとポテトの相性はバツグン！
アルミホイルで蒸すと、ポテトのホクホク感が増して、
あとを引く美味しさ。
アンチョビの塩気がお酒にも合うので、おつまみにもどうぞ！

材料 2人分
- じゃがいも …3個
- A ┌ アンチョビペースト …小さじ1
　　├ にんにくすりおろし …小さじ1
　　└ オリーブオイル …大さじ2
- こしょう …少々
- ローズマリー（生）…1本
- バター …10g

作り方
1. じゃがいもは皮をむいて1.5cm角ぐらいの大きさに乱切りにし、こしょうをかける。
2. アルミホイルに①のじゃがいも、混ぜ合わせたAの調味料、ローズマリーをのせ、シンプル包み（→P6）する。
3. トースターで15分ほど加熱し、出来上がりにバターをのせる。
   ◎じゃがいもの大きさによって調理時間は変わりますが、竹串を刺してみてスッと通れば火が通っています。

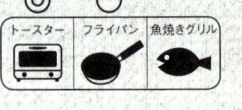

豪快ホイル料理の真髄をみよ！

アンチョビキャベツ

キャベツはザクッと大胆にくし切りに、
そこにアンチョビのソースをかけただけの「THE 男の料理」。
なのにこんなに美味しくていいんですか？　いいんです！

材料　2人分
キャベツ…1/8 個
塩…少々
A [にんにくすりおろし…小さじ 1
　　アンチョビペースト…小さじ 1
　　オリーブオイル…大さじ 1]
鷹の爪…1 本

作り方
1. キャベツは 1/8 のくし切りにし、塩をふりかける。鷹の爪は種を取り、輪切りにしておく。
😊 キャベツのくし切りはまず縦半分に切り、それを 4 等分すれば OK。
2. アルミホイルに①のキャベツと鷹の爪をのせ、混ぜ合わせた A をかけ、シンプル包み（→ P6）する。
3. トースターで 15 分ほど加熱する。

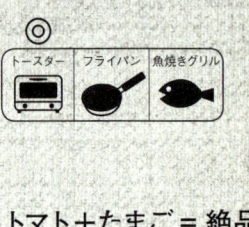

トマト+たまご＝絶品朝食メニュー

トマたま

半熟たまごから黄身がとろ〜りあふれ出し、
トマト＆チーズと絡み合った一品。
朝食メニューにもぴったりで、トーストともベストマッチです。

材料　1人分
トマトカット缶…1/2 缶
卵…1 個
玉ねぎ…1/4 個
塩・黒こしょう…少々
オリーブオイル…大さじ 1
粉チーズ…少々

作り方
1. アルミホイルで 10cm ほどの大きさのホイルコップ（→ P40）を作る。
😊 市販の焼肉のたれ皿深型（→P114）を使用してもよいでしょう。
2. ①の容器に、トマトカット缶、薄切りにした玉ねぎをのせ、塩・黒こしょうをふり、中央に卵を割り入れる。
3. オリーブオイルを回し入れ、粉チーズをかけてトースターで 10 分ほど加熱する。
😊 ちょうどよい半熟具合で火を止められるように、トースターから目を離さぬよう注意。

このビジュアルからして絶対に美味しい！

くりぬき豆腐のしょうが味噌

見た目のインパクトが食欲をそそる
豆腐料理。シンプルながら、
驚くほど美味しいので、
たけだ流"豆腐百珍"に認定！

材料　2 人分

豆腐…1 丁

A
味噌…大さじ 3
しょうがすりおろし…大さじ 1
しょうゆ…大さじ 1
酒…大さじ 2
はちみつ…大さじ 2
白ごま…適量

青ねぎ…適量

作り方

1. 豆腐の大きさに合わせて、アルミホイルでBOX スタイル（→P7）
を作る。
　☺豆腐は重みがあるので、アルミホイルを二重にするなど頑丈に。

2. 豆腐は写真のようなひとまわり小さめの長方形の大きさに切
りこみを入れ、スプーンなどで表面をくりぬく。
　☺豆腐は木綿、絹どちらでも OK ですが、絹は食感がやわらかくなります。
ただし、水分が多いのでキッチンペーパーなどで包み、水切りをしましょう。

3. 天板にのせた①の容器に②の豆腐をのせ、くぼみに混ぜ合
わせた A の調味料を入れ、表面にも調味料を塗る。

4. トースターで天板ごと15分ほど加熱し、出来上がりに小口切
りにした青ねぎを散らす。

ただの野菜、ホイルを使って、ステーキに

野菜ステーキ

野菜の旨味をぎゅっと閉じ込めてヘルシーに美味しく、
ステーキ風に味わうこのメニュー。
野菜が足りない時、プラス1品でどうぞ!

材料　2人分

<玉ねぎステーキ>
玉ねぎ…1個
オリーブオイル…小さじ1
しょうゆ・かつお節…各適量

<しいたけステーキ>
しいたけ…4枚
塩…少々

<トマトステーキ>
トマト…1個
にんにく…1片
A ┌ オリーブオイル…大さじ1
　├ ローズマリー(乾燥)…少々
　└ 塩・黒こしょう…各少々

作り方

1. 野菜の輪切りの大きさに合わせて、アルミホイルでBOXスタイル(→ P7)を作る。
2. 玉ねぎとトマトは1cmほどの輪切りに、しいたけは石づきを取る。
3. ①の容器に②の野菜をのせる。玉ねぎにはオリーブオイルとしょうゆ、トマトにはAとスライスにしたにんにく、しいたけには塩をふる。
4. 玉ねぎとしいたけはそのままトースターで10分ほど加熱する。玉ねぎは出来上がりにかつお節を散らす。トマトはアルミホイルでふたをし、8分ほど加熱後、ふたを取って1分ほど焼き色をつける。

☺ ふたを取ってからは、トマトの水分が油の中ではねるので発火しないようにトースターから目を離さないようにしましょう。

<野菜ステーキにおすすめのソース>

野菜ステーキの美味しさを広げてくれるソースの紹介。
いずれも材料を混ぜ合わせるだけ!　一度お試しを!

◎材料

☆ごまだれ (a)
マヨネーズ、白ごま、みりん
　　　　　　…各大さじ1
しょうゆ、酢、和風だしの素
　　　　　　…各小さじ1

☆梅肉しょうがだれ (b)
梅肉 (たたいてペースト状に) …少々
めんつゆ…大さじ1
しょうがすりおろし…少々

☆マスタードソース (c)
マヨネーズ…大さじ1
マスタード…小さじ1
コンソメ (顆粒) …小さじ1

☆バルサミコソース (d)
バルサミコ酢…大さじ3
はちみつ・しょうゆ…各大さじ1/2
バター…10g
塩・こしょう…各少々

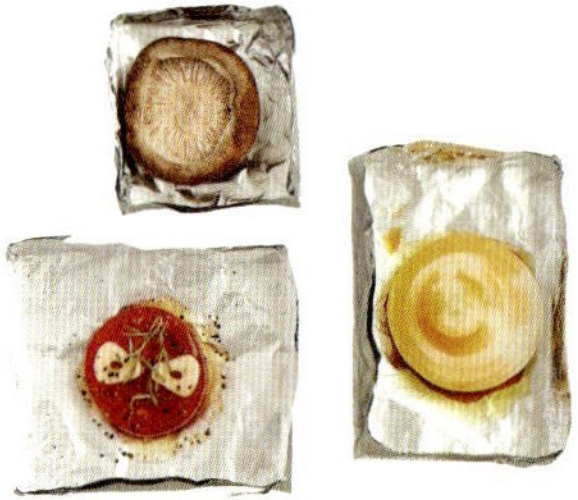

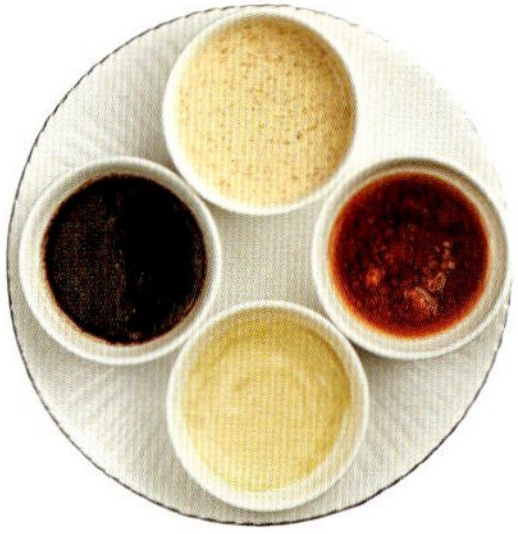

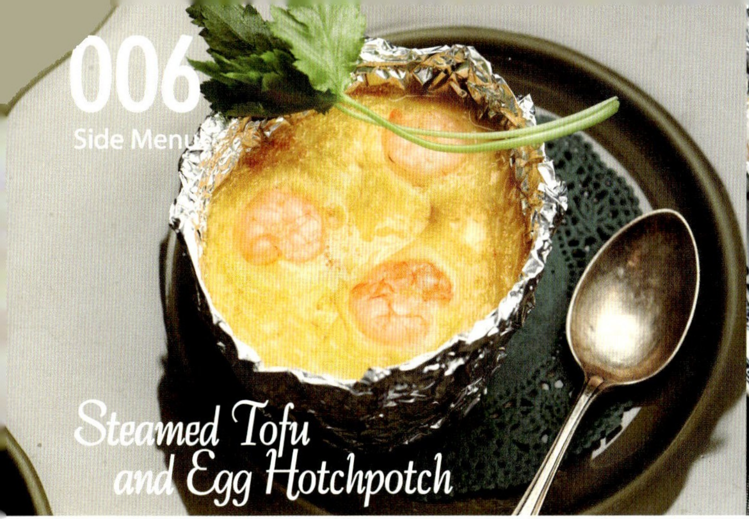

006
Side Menu

Steamed Tofu and Egg Hotchpotch

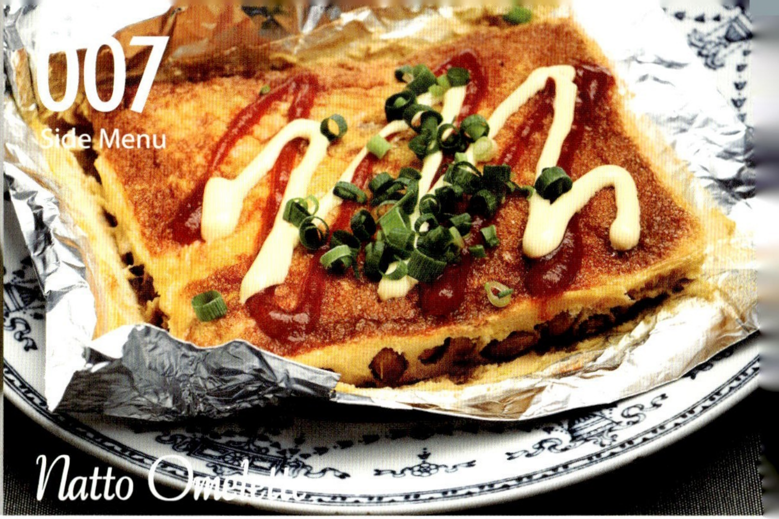

やわらかな口あたりの和の一品

豆腐の茶碗蒸し

材料　1人分
卵…1個
豆腐（絹）…1/4丁
むき海老…3尾
めんつゆ…小さじ1
三つ葉…1本

作り方
1. アルミホイルで直径7cmほどの大きさのホイルコップ（→P40）を作る。
2. ボウルに卵を割りほぐし、豆腐とめんつゆを入れて豆腐の形が崩れるように混ぜ合わせる。
3. ①の器に②の卵液を流し入れ、上にむき海老を飾り、天板の上にのせてトースターで15〜20分ほど加熱し、出来上がりに三つ葉を飾る。

007
Side Menu

Natto Omelette

変幻自在のアレンジ料理、ここに極まれり！

納豆オムレツ

材料　2人分
卵…2個
納豆…1パック
しょうゆ…小さじ1
マヨネーズ…大さじ1
ケチャップ…大さじ1
青ねぎ…少々

作り方
1. アルミホイルで適当な大きさのBOXスタイル（→P7）を作る。
2. 卵、納豆、しょうゆをすべて混ぜ合わせ、天板の上にのせた①の容器へ流す。
3. 天板ごとトースターで5分ほど加熱し表面に焼き色がついたら取り出し、マヨネーズ・ケチャップをかけ、小口切りにした青ねぎを散らす。

008 Side Menu
Quick Pork Back Ribs

009 Side Menu
Deep-fried Tofu with Sweet Chili Sauce

お金と時間がないときの救世主

時短！豚もやポン

材料　2人分
もやし…1/2袋
豚バラしゃぶしゃぶ用
　　　　　　…4枚
塩・こしょう…少々
ポン酢…適量

作り方
1. 豚バラ肉は長いものであれば半分に切っておく。
2. アルミホイルにもやしをしき、その上に①の豚バラ肉をのせ、塩・こしょうし、封筒包み（→P6）する。
3. トースターで15分ほど加熱し、出来上がったらポン酢を添える。

スイートチリと厚揚げがこんなに相性いいなんて！

厚揚げのスイートチリソース

材料　2人分
厚揚げ…1枚
なす…1/2本
スイートチリソース
　　　　　…大さじ2
青ねぎ…適量

作り方
1. 厚揚げは2cm幅の薄切りに、なすは5mm幅の半月切りに、青ねぎは小口切りにする。
   ☺ なすの代わりにしめじやブロッコリーなどでも代用可。
2. アルミホイルに①の材料をのせ、スイートチリソースを回しかけ、シンプル包み（→P6）する。
3. トースターで15分ほど加熱する。

010 Sardines with Tomato Sauce

トースター ◎	フライパン	魚焼きグリル ○

おっさんメシの代表がオシャレに変身

いわし缶のトマト煮

渋さ漂うイワシの缶詰も
旨味が詰まった汁ごと利用して、
小粋なバル風メニューに仕上げます。

材料　2人分

イワシの缶詰（味付）
　　　…1缶（200g）
プチトマト…6個
水…50cc
にんにく…1片
オリーブオイル…適量
塩・こしょう…少々

作り方

1. プチトマトはヘタを取り4等分し、にんにくはスライスにしておく。

2. アルミホイルにイワシの缶詰を汁ごと広げ、①の材料と水を入れる。オリーブオイルをかけ、塩・こしょうをして、シンプル包み（→P6）する。

   ☺ イワシ缶詰の汁がほとんどない場合は水をさらに50ccほど入れるとよいでしょう。

3. トースターで10分ほど加熱する。

011 Side Menu

Tuna and Onion

とろ〜りチーズ＋ツナマヨ最強説！

新玉ツナマヨ

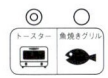

材料　2人分
玉ねぎ…1個
ツナ缶…1缶
A ┌ マヨネーズ…大さじ2
　└ 塩・黒こしょう…少々
溶けるチーズ…50g
パセリ（乾燥）…少々

作り方
1. アルミホイルで玉ねぎが2つ並ぶ大きさのBOXスタイル（→P7）を作る。
2. 玉ねぎは皮をむき1〜1.5cmほどの輪切りにする。油を切ったツナに、Aを加え混ぜ合わせ、玉ねぎの上に平らにのせる。
3. ①の容器に②の玉ねぎを並べ、溶けるチーズをのせ、アルミホイルで軽くふたをしてトースターで10分ほど加熱する。
4. 出来上がったら、黒こしょう（分量外）を再度かけ、パセリを散らす。

---

012 Side Menu

Scallops with Butter and Soy Sauce

濃厚なのにさっぱり！

ホタテのバターしょうゆ

材料　2人分
ホタテ貝柱（刺身）…6個
まいたけ…1パック
塩・こしょう…各少々
A ┌ バター…20g
　└ しょうゆ…大さじ1

作り方
1. まいたけは食べやすい大きさにほぐす。ホタテは水気をふき、塩・こしょうをする。
2. アルミホイルに①のまいたけを広げ、その上に①のホタテをのせ、Aの調味料をかけシンプル包み（→P6）する。
3. トースターで12分ほど加熱する。

25

濃厚ソースが決め手！

バーニャカウダ

にんにくベースの温かいソースに、
いろいろな野菜をつけて味わうこの料理は、
イタリア・ピエモンテ地方が発祥。
このソースがあれば野菜を驚くほど食べられる！

材料　2人分

＜ソース＞
アンチョビペースト…大さじ1
にんにくすりおろし…大さじ1
オリーブオイル…180ml
＜野菜＞
エリンギ…1本
アスパラガス…2本
パプリカ（赤・黄）…各1/2個
かぼちゃ…1/8個

作り方

1. エリンギとかぼちゃは薄切りに、パプリカは種を取り1cm幅
の細切り、アスパラガスは3等分する。
☺ 野菜はマッシュルームやオクラ、ブロッコリーなどお好みでどうぞ。

2. 切った野菜は一度水にくぐらせ、アルミホイルの上に重ならな
いように並べ、封筒包み（→ P6）する。
☺ 野菜に水をくぐらせることで、ホイルの中で蒸し焼きの状態に。少量の
水をふりかけるのでも可。

3. ソースを作る。アルミホイルで直径7cmほどの大きさのホイル
コップ（→ P40）を作り、ソースの材料をすべて入れ、混ぜ合
わせる。

4. 天板の上に②と③を並べ、トースターで15分ほど加熱する。

014
Side Menu

Caprese

トースター	フライパン	魚焼きグリル
◎	○	

赤、白、緑の三色が織り成す食のハーモニー

ホットカプレーゼ

トマトの赤と、モッツァレラチーズの白、
バジルの緑のイタリア国旗の三色が目にあざやか。
溶けたチーズもいい感じ！

材料　2人分

トマト…1個
モッツァレラチーズ
　　　…1袋（100g）
バジル（葉）…3～4枚
塩・黒こしょう…少々
オリーブオイル…小さじ2

作り方

1. トマトは半分に切ってから5mm幅の薄切りに、モッツァレラチーズもトマトと同じ厚さに切る。
2. アルミホイルを広げ、端から①のトマト、モッツァレラチーズ、バジルの順にくり返し並べる。塩・黒こしょうと小さじ1のオリーブオイルをかけシンプル包み（→P6）する。
3. トースターで4分ほど加熱し、出来上がりに残り小さじ1のオリーブオイルをかける。

☺ 焼き上がりにかけることで、オリーブオイルのフレッシュな香りを楽しめます。

◎
○
トースター
フライパン
魚焼きグリル

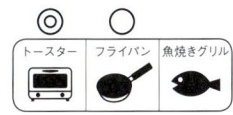

「あっという間にもう一品！」の代表選手

カップ目玉焼き

見た目もかわいいアルミカップの目玉焼きは、
お弁当のおかずにもぴったり。
半熟卵がお好みならトースターから目を離すな！

材料　2人分

卵…2個
玉ねぎ…1/4個
プチトマト…2個
スライスベーコン…2枚
塩・こしょう…少々
パセリ（乾燥）…少々

作り方

1. 玉ねぎは薄切りに、プチトマトは4等分に、スライスベーコンは10cm長さに切る。
2. 市販のアルミカップ（→P114）に、ベーコンを十字に重ね、その上に玉ねぎとトマトをのせ、塩・こしょうする。
   ☺ 市販のアルミカップの強度が弱い場合は二重に重ねて使用しましょう。
3. 中央に卵を割り入れ、トースターで10分ほど加熱し、出来上がりにパセリを散らす。
   ☺ フライパンで調理する場合は、フライパンにのせ、まわりに水を50ccほど入れ、ふたをして蒸し焼きに。

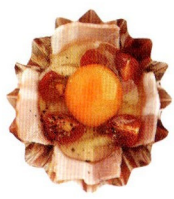

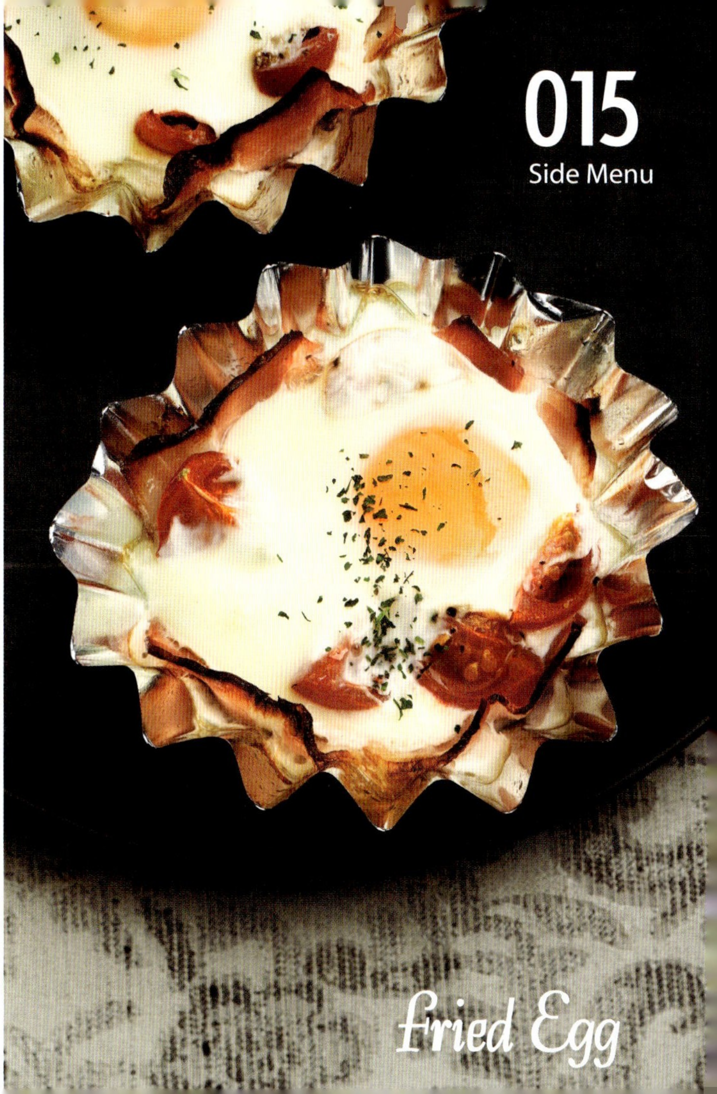
015
Side Menu
Fried Egg

まろやかな風味がやみつきに

味噌と豆乳のクリーミーマカロニ

味噌＆豆乳を使ってヘルシーに仕上げる和風パスタ料理。
使っている材料はシンプルですが、
奥行きのあるやさしい味わいに仕上がります。

材料　2人分

早ゆでペンネ（3分ゆで）…100g

A ┌ 豆乳…100ml
　├ 味噌…大さじ1/2
　├ 和風だしの素…少々
　└ 水…100ml

黒こしょう…少々

作り方

1. Aの調味料をよく混ぜ合わせる。

2. 天板の上に大きめにアルミホイルを広げ、早ゆでペンネを置き、
   ①の調味料をかけシンプル包み（→ P6）する。
   ☺ 調味料の液量が多いので、こぼれないように注意。必ず天板を使用し、
   アルミホイルは天板よりもひとまわり大きいものを用意しましょう。市販の
   焼肉のたれ皿深型（→ P114）を使用してもよいでしょう。

3. 天板ごとトースターに入れ、8分ほど加熱し、出来上がりに
   黒こしょうをかける。
   ☺ 黒こしょうの代わりに山椒の粉などでも可。

016
Side Menu

Macaroni with Soy Milk

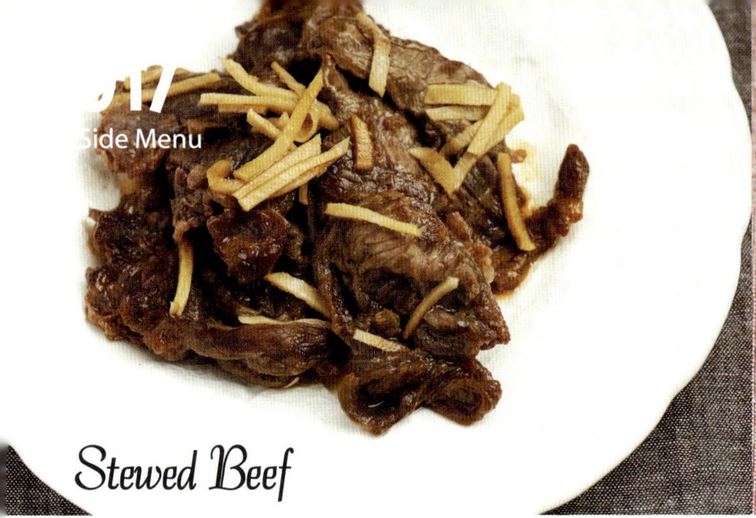
017
Side Menu
Stewed Beef

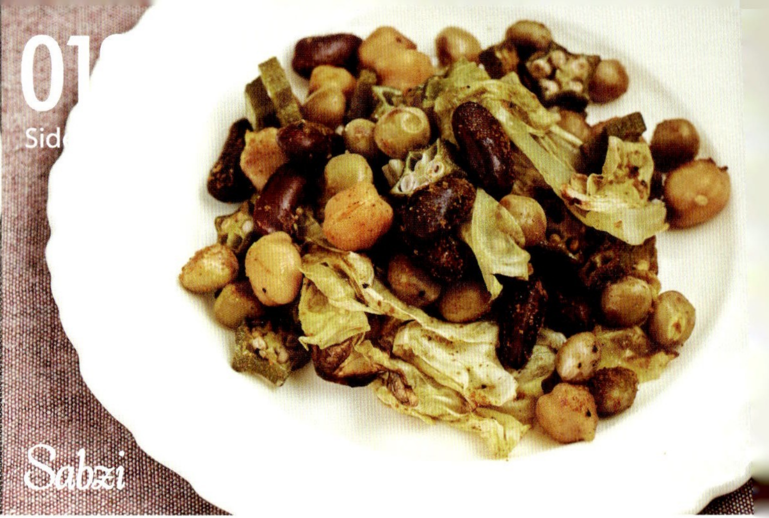
01
Sid
Sabzi

和の定番おかずもトースターでチャチャッと！

牛しぐれ煮

◎トースター　○魚焼きグリル

材料　2人分

牛薄切り肉…200g
A
- しょうゆ…小さじ2
- みりん…小さじ2
- 酒…小さじ1
- はちみつ…小さじ2

針しょうが…1/2片

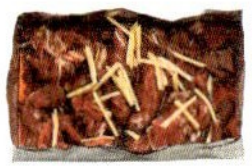
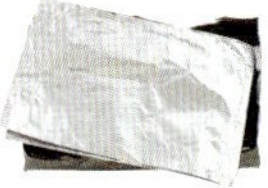

作り方

1. アルミホイルで適当な大きさのBOXスタイル（→P7）を作る。
2. 天板の上に①の容器をのせ、そこに牛薄切り肉と針しょうがを広げ、混ぜ合わせたAの調味料をかける。
3. アルミホイルで軽くふたをして、トースターで10分ほど加熱する。

☺完全にふたを閉めてしまわずに、写真のようにわずかに隙間をあけ、落としぶたのようにするのがコツ。

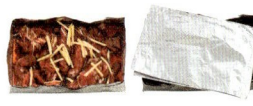

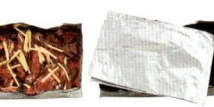

スパイスが効いたエキゾチックな味わい

キャベツと豆のサブジ風

◎トースター　○フライパン

材料　2人分

キャベツ（葉）…3枚
ミックスビーンズ
…1/2袋（25g）
オクラ…2本
塩…小さじ1
カレー粉…小さじ2

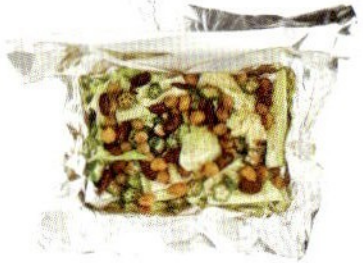

作り方

1. キャベツは食べやすい大きさにざく切り、オクラは輪切りにし、どちらも塩をふる。
2. アルミホイルに①の野菜を広げ、ミックスビーンズを散らし、カレー粉をまんべんなくふりかけ封筒包み（→P6）する。

☺お好みでクミンなどのスパイスを加えても美味しいです。

3. トースターで15分ほど加熱する。

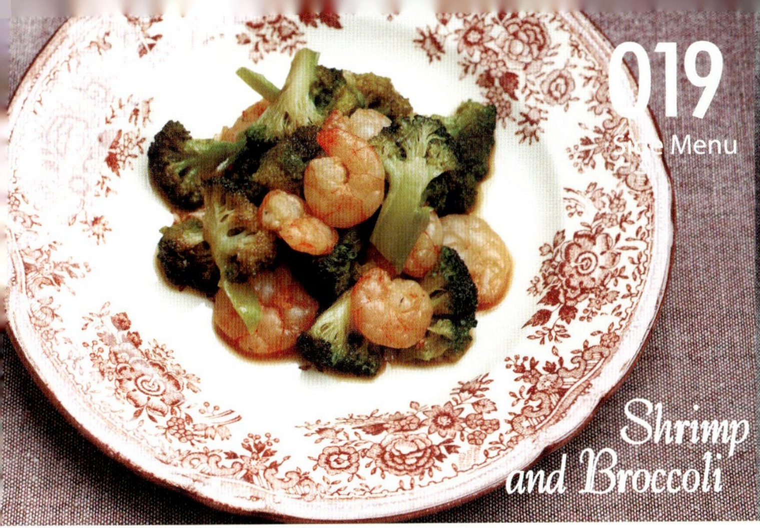

019 Side Menu

Shrimp and Broccoli

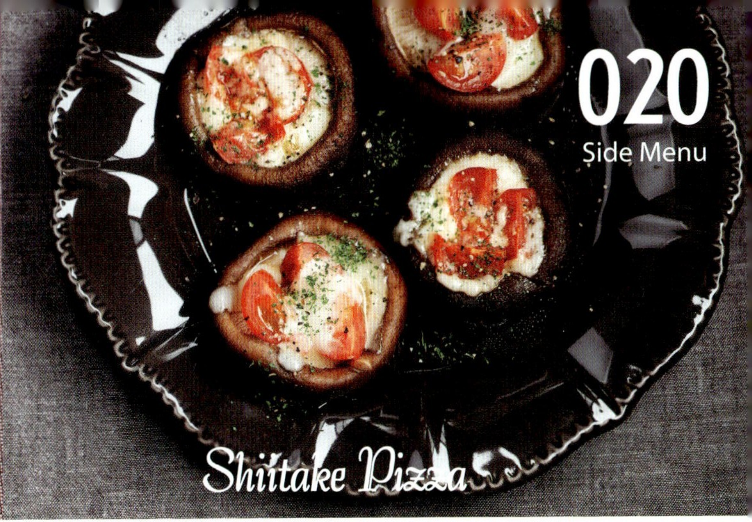

旨味たっぷりのオイスターソースがミソ！

海老とブロッコリーの中華蒸し

材料　2人分
海老（むき海老でも可）…8尾
ブロッコリー…1/2株
塩…少々
A ┌ オイスターソース…大さじ2
　├ 酒…小さじ2
　├ 砂糖…小さじ1
　└ ごま油…小さじ1

作り方
1. 海老は殻をむいて背ワタと尾をとり、水で洗った後、水気をふき塩をふる。ブロッコリーは小房にわける。
2. アルミホイルに①の海老とブロッコリーを広げ、混ぜ合わせたAの調味料をかけ封筒包み（→P6）する。
3. トースターで15分ほど加熱する。

---

020 Side Menu

Shiitake Pizza

キノコ界の新たな可能性、教え☑

しいたけピザ

材料　2人分
しいたけ…4個
プチトマト…4個
溶けるチーズ…40g
塩…少々
パセリ（乾燥）…少々
タバスコ…少々

作り方
1. アルミホイルでしいたけが2つ並ぶ大きさのBOXスタイル（→P7）を作る。
2. 石づきを取り、塩をふったしいたけに、ヘタを取り4等分に切ったプチトマトと溶けるチーズをのせる。
　☺ しいたけは肉厚で大きいものを選ぶこと。
3. ①の容器に並べ、トースターで10分ほど加熱する。
4. 出来上がったらパセリを散らし、お好みでタバスコをかける。

皮ごと包んで豪快に

野菜まるごと焼き

野菜を皮ごと＆まるごとアルミホイルで
包んでしまうダイナミックな料理。
シンプルながら野菜のもつ素材本来の味を
最大限に楽しめるのがうれしい。

＜にんにく＞
材料　1人分

にんにく…1個
塩・黒こしょう…少々

作り方
1. にんにくは皮つきのままアルミ
   ホイルでまるごと包み（→P114）
   にし、トースターで15分ほど
   加熱する。
2. 出来上がったら、お好みで塩、
   黒こしょうをつける。

＜里芋＞
材料　1人分

里芋（小）…2個
塩…少々

作り方
1. 里芋を洗い、水がついた状態
   のままアルミホイルでまるごと
   包み（→P114）にし、トースター
   で20分ほど加熱する。
2. 出来上がったら、皮をむいて、
   お好みで塩をつける。
   ☺ 塩のほか、七味唐辛子や柚子こ
   しょうなどもおすすめです。

＜玉ねぎ＞
材料　1人分

玉ねぎ（小）…1個
バター…10g
塩・黒こしょう…少々

作り方
1. 玉ねぎを洗い、上に十字に切
   り込みを入れる。
   ☺ トースターの上部に当たらないぐ
   らいの玉ねぎを使用しましょう。
2. 皮つきのままアルミホイルでま
   るごと包み（→P114）にし、トー
   スターで30分ほど加熱する。
3. 出来上がったら、バターを切
   り込みにのせ、塩、黒こしょ
   うをふる。

トースター	フライパン	魚焼きグリル

ほっこり味のあったかスープ

クラムチャウダー

缶詰の汁ごと使うのがミソ！
アサリの旨味がスープに溶け込み、絶品です。

材料　1人分
アサリ水煮缶…1/2 缶
玉ねぎ…1/4 個
じゃがいも…1 個
マッシュルーム…2 個
ベーコン…1 枚
コンソメ…小さじ 1
牛乳…100ml
クラッカー…4 枚

作り方
1. 玉ねぎとマッシュルームは薄切りに、じゃがいもは 1cmのさいの目に切る。ベーコンは 5mm幅の細切りにする。
2. 市販の焼肉たれ皿深型（→ P114）に、汁ごとのアサリ、①の材料、牛乳、コンソメを加えて全体を混ぜ合わせ、アルミホイルでしっかりと密閉する。
3. プレヒートしておいたトースターで 20分ほど加熱する。出来上がりに、クラッカーを細かく砕いて入れ、とろみをつける。

トースター	フライパン	魚焼きグリル

トマトの旨味をギュギュッと凝縮

ミネストローネ

野菜たっぷりトマト味のミネストローネは、
じつは、はちみつが隠し味！

材料　1人分
じゃがいも…1 個
スライスベーコン…1 枚
玉ねぎ…1/2 個
ズッキーニ…1/2 本
A
　トマトジュース…250ml
　コンソメ…小さじ 1
　塩・黒こしょう…少々
　はちみつ…小さじ 1
　にんにくすりおろし
　　　　…小さじ 1/2
オリーブオイル…小さじ 1
パセリ（乾燥）…少々

作り方
1. じゃがいもとズッキーニは 1cmのさいの目に切り、玉ねぎは薄切りに、ベーコンは 5mm幅の細切りにする。
2. 市販の焼肉たれ皿深型（→ P114）に、①の材料と A を加えて全体を混ぜ合わせ、アルミホイルでしっかりと密閉する。
3. プレヒートしておいたトースターで 20分ほど加熱し、出来上がりにオリーブオイルを回しかけ、パセリを散らす。

022
Side Menu

023
Side Menu

Clam Chowder

Minestrone

024

Side Menu

トースター	フライパン	魚焼きグリル

韓国風のピリ辛スープで体ポッカポカ

キムチと春雨のスープ

韓国風のピリ辛スープはさまざまな調味料を加えた
深みのある味がくせになる味わい。
唐辛子成分で体があたたまるので、秋冬におすすめです。

材料　1人分

乾燥春雨…20g
牛薄切り肉…50g
キムチ…50g
パプリカ（赤）…1/4 個

A
　酒…大さじ 1
　しょうゆ…小さじ 1
　ごま油…小さじ 1
　にんにくすりおろし
　　　　　…小さじ 1/2
　コチュジャン…小さじ 1/2

お湯…150ml
青ねぎ…少々

作り方

1. 乾燥春雨は食べやすい大きさにカットする。パプリカは種を取り、1cm幅の細切りにする。
   ☺ 春雨はあらかじめ、お湯で戻しておくと早く火が通ります。

2. 市販の焼肉たれ皿深型（→ P114）に①の材料、牛肉、キムチ、小口切りにした青ねぎを入れ、混ぜ合わせたAの調味料とお湯を回し入れ、アルミホイルでしっかりと密閉する。
   ☺ 辛いのが苦手な方やお子さんは、キムチをサッと水で洗うとよいでしょう。

3. プレヒートしておいたトースターで15 分ほど加熱する。

Spicy Soup

025
Side Menu

フランスの家庭の味は奥深し！
ミニポトフ

ポトフとはフランスの家庭料理の定番メニュー。
たっぷりの野菜やソーセージをコトコト煮込むから、
美味しいだしがでて旨味が広がります。

材料　1人分
- ソーセージ…2本
- キャベツ（葉）…2枚
- にんじん…1/4本
- 大根…1個
- プチトマト…4個
- お湯…100ml
- A ┌ コンソメ…小さじ1
　　└ 白ワイン…大さじ2

作り方
1. キャベツはざく切り、にんじんと大根は短冊切りにしてから3等分にし正方形の大きさに切る。プチトマトはヘタを取る。
2. 市販の焼肉たれ皿深型（→P114）に①の材料とソーセージを入れ、混ぜ合わせたAの調味料とお湯を回し入れ、アルミホイルで密閉する。
3. プレヒートしておいたトースターで20分ほど加熱する。

☺ 葉もの野菜は火が通りやすいですが、にんじんや大根などの根もの野菜はなかなか火が通らないので、急ぎの時はきのこ類や青菜など火の通りやすいものに代えるとよいでしょう。

Pot-au-feu

包み方番外編
その1

ホイルコップ
の作り方

P6-7 で紹介したアルミホイルの基本的な包み方以外にも、さまざまな包み方があります。ここでは、本書でも使うホイルコップを紹介します。

●用意するもの
・幅 30㎝×長さ 30㎝のアルミホイル
・手ごろな大きさのグラス（持ち手などがなく頑丈なもので口が狭まっていないもの）

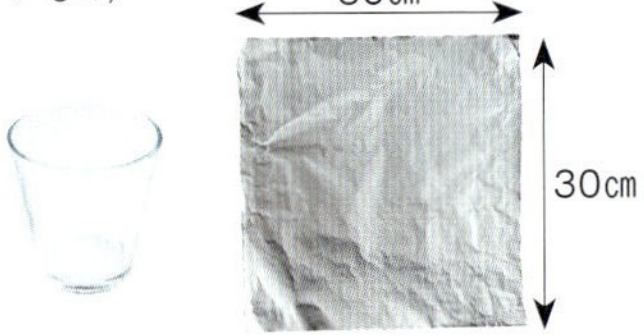

30㎝

30㎝

❶グラスをテーブルの上にひっくり返しておき、その上にアルミホイルをかぶせる（液体のものに使用する場合、アルミホイルを二重にしておくこと）。

❷グラスの底の跡をつけるように、しっかりとアルミホイルを固定させ、安定させる。こうしておけばズレたりせずにキレイに仕上がる。

❸コップの形に合わせてアルミホイルをギュッと押さえつけ、コップの形を作る。

❹アルミホイルをコップごとひっくり返して、作りたいコップの高さのところでアルミホイルを外側に折り返す。

❺ふちがデコボコしないようにテーブルの上で押さえつけるようにローリングさせて表面をなめらかにする。

完成

★こんな料理にオススメ
トマたま (P16)、豆腐の茶わん蒸し (P22)、きのこのジャングル焼き (P98)、昔なつかしプリン (P122) など、液体のものに向いています。

ホイルの可能性 "包みかくさず"
Tell me !!
テルミーアルミー

アルミホイルの可能性は∞。洗い物が楽になる以外にもこんな使い方があるんです。お試しあれ！

初級編
Beginner class
人もアルミも"ウラオモテ"なく！
☝ホイルの表と裏

「アルミホイルってどっちが表でどっちが裏？」と思ったことありませんか？答えはアルミホイルに裏表はなく、どちら側を使っても問題ないのです。

中級編
Intermediate class
調理時間さらにカット
✌即席ピーラー

ごぼうの皮をこそげ取るときにもアルミホイルが大活躍。グシャグシャっと軽く丸めてごぼうの表面を擦ると、不思議なくらい上手にできます。

上級編
Advanced class
現代人のストレス解消に一役
🤟アルミで居留守

携帯電話をアルミホイルで包むと圏外になります。日々の煩わしさから逃れたい人、ストレス社会でたたかうあなた！ひとりになりたい時にオススメです。

Part 2
Main Dishes

ダイナミックな料理に挑戦！
メイン料理

驚くなかれ！「ローストビーフ」や「麻婆豆腐」など、
フライパンで豪快に鍋をふるったり、
オーブンでじっくり火を入れるような料理も、
アルミホイルで調理が可能。
和・洋・中、幅広いラインナップで味わいも豊かに。

026
Main Dishes

Roast Beef

お手軽ホイルでプロ級の味！

ローストビーフ

本格的なローストビーフを
オーブンを使わずトースターで。
難しい火加減も、
このレシピならちょうどよいレア具合に！

材料　2人分
牛ももブロック…300g
玉ねぎ…1/8 個
酒・しょうゆ…各大さじ1
A［ 塩・こしょう…少々
　　にんにくすりおろし…小さじ1

作り方
1. 牛もも肉はAの調味料をすり込む。玉ねぎは薄切りにしておく。
2. アルミホイルに①の玉ねぎをしき、その上に①の牛肉をのせ、まるごと包み（→P114）する。
3. トースターに天板ごとのせて15分ほど加熱し、トースターから取り出し15～20分ほど放置する(a)。
☺ 加熱後にすぐに切ろうとすると肉汁がすべて流れ出てしまいます。そのまま少し放置して休ませるのがコツ。
4. アルミホイルから牛肉を取り出して薄切りにする。アルミホイルにたまった肉汁は小皿にうつし(b)、酒・しょうゆも加え、ソースとして添える。
☺ シンプルにわさびじょうゆもオススメです。

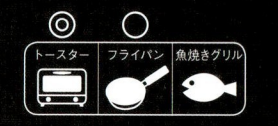

トースター ／ フライパン ／ 魚焼きグリル

スープも美味！　一滴残らず召し上がれ

アクアパッツァ

魚介類をトマトやオリーブ、白ワインとともに煮込む
イタリア料理 "アクアパッツァ"。
魚介から美味しいだしがたっぷり出るので、
最後はホイルを折り曲げて、豪快にスープも堪能してみよう。

Acqua Pazza

材料　2人分

白身魚（金目鯛や真鯛など）…1尾
塩・こしょう…少々
アサリ（砂抜き）…10個
プチトマト…8個
オリーブの実（種なし）…8個
A ┌ 白ワイン・水…各50cc
　├ アンチョビペースト…大さじ1
　└ にんにくすりおろし…小さじ1
バジル（葉）…4枚
レモン…1/2個

作り方

1. 魚はうろこをとり、えらと内臓を取り除き、流水で洗って水気をふき、塩・こしょうする。

   ☺ 魚は一尾まるごとの場合、トースターに入る大きさのものを選ぶこと。下処理などの必要ない切り身を使ってもお手軽にできます。

2. 天板の上にアルミホイルを広げ、①の魚、アサリ、ヘタを取ったプチトマト、オリーブの実をのせ、混ぜ合わせたAの調味料を回しかけ、封筒包み（→P6）する。

3. トースターで15分ほど加熱し、出来上がりにバジルの葉を散らし、くし切りにしたレモンを添える。

   ☺ アルミホイルが膨んできたら出来上がりの目印。バジルのほか、イタリアンパセリやパセリなどでも代用できます。

02
Main Dishes

028
Main Dishes

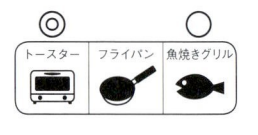

トースター	フライパン	魚焼きグリル
◎		○

おつまみにも◎、お弁当のおかずにも◎

肉汁つくね

居酒屋の定番メニュー "つくね"。
焼かずに蒸して作るから
ジューシーな肉汁が 「これでもか！」とあふれだす。

材料　2人分

鶏ひき肉…150g
塩・こしょう…各少々
長ねぎ…1/4 本

A
- 砂糖…小さじ1
- しょうゆ…大さじ1
- 酒…大さじ1
- みりん…大さじ1

作り方

1. ボウルに鶏ひき肉を入れ、塩・こしょうをふり、粘りが出るまで混ぜる。そこにみじん切りにした長ねぎとAの調味料を加え、さらに全体を混ぜ合わせ、肉だねを作る。
   ☺ 調味料の代わりに、「ヨシダソース グルメのたれ」を使用してもOKです。

2. 市販のアルミカップ（→ P114）の大きさに合わせ、①の肉だねを入れる。
   ☺ お弁当には小さめのカップを利用するとよいでしょう。

3. トースターで15分ほど加熱する。

Chicken Meatballs

46

ホイルマーボーはケチャップがかくし味
麻婆豆腐

"火力命"の中華だってアルミホイルでいけるんです。調味料にケチャップを使って旨味をプラスするので、食べやすくまろやかな味わいです。

材料　2人分
- 木綿豆腐…1丁
- 豚ひき肉…100g
- 長ねぎ…1/4本
- A
  - しょうゆ…大さじ1
  - ケチャップ…大さじ2
  - 中華だしの素…小さじ1/2
  - にんにくすりおろし…小さじ1/2
  - しょうがすりおろし…小さじ1/2
  - 片栗粉…大さじ1

作り方
1. 豆腐は2cm角に切り、長ねぎはみじん切りにする。切った長ねぎのうち、仕上げ用として少量とっておく。
2. 天板にアルミホイルを広げ、その上に①の豆腐と豚ひき肉をまんべんなく広げる。①の長ねぎ、混ぜ合わせたAの調味料の順にかけ、封筒包み（→P6）する。
   ☺豚ひき肉は少量ずつちぎってのせること。ピリ辛がお好みなら、調味料に豆板醤を小さじ1/2ほど入れるとよいでしょう。
3. 天板ごとトースターで15分ほど加熱し、出来上がりにとっておいた長ねぎを散らす。
   ☺途中でアルミホイルの口を開き、一度混ぜると全体に味がなじみます。

029
Main Dishes

Mapo-Tofu

トースター	フライパン	魚焼きグリル
◎		○

エキゾチックワールド全開！

シシカバブ

「シシ＝串」、「カバブ＝焼いた肉料理」という意味のトルコ料理。
スパイスを効かせて作る
エキゾチックなソーセージはみんな大好きな味！

材料　2人分

合いびき肉…150g
玉ねぎ…1/2 個
パプリカ（赤）…1/2 個
塩・こしょう…少々
A ┌ カレー粉…小さじ 1
　├ にんにくすりおろし
　└ …小さじ 1
サラダ油…適量

作り方

1. 玉ねぎはみじん切りに、パプリカは 5mm
   角に切る。アルミホイルで芯を作り、ま
   わりにサラダ油をぬっておく。
   ☺ 芯を作らずにソーセージ風に仕上げてもよいで
   しょう。

2. ボウルに合いびき肉と①の野菜を入れ、
   塩・こしょうをして混ぜる。粘りがでたら
   A を加えさらに混ぜ合わせ肉だねを作る。

3. 4 等分にして①のホイルの芯のまわりに
   肉だねを巻いていく。アルミホイルを広げ、
   サラダ油をぬってから先ほどのシシカバ
   ブを置きキャンディ包み（→ P114）する。
   ☺ 肉だねが手につかないよう油を塗っておくとよ
   いでしょう。

4. 天板の上に③をのせ、トースターで 15
   分ほど加熱する。
   ☺ 肉汁がでるので、天板は必ず使用すること。

Column: Classic Recipes

アルミホイル料理と言えばこれ！
「THE ホイル定番メニュー」

調味料や野菜と一緒に魚の切り身を入れるだけ。
蒸気によって身もふっくら仕上がります。

031 Main Dishes
Grilled Pacific Cod

"和"のホイル料理の王道！
タラときのこのホイル焼き

材料 2人分
- タラ（切り身）…2切れ
- 塩…少々
- しめじ、えのき、まいたけ…各1/2パック
- 酒・しょうゆ…各大さじ1
- スダチ…1個
- 青ねぎ…少々

作り方
1. タラは塩をふっておく。きのこ類は石づきを取り食べやすい大きさにほぐしておく。
2. アルミホイルに①のきのこ類をしき、その上に①のタラをのせ、酒としょうゆを回しかけ、シンプル包み（→P6）する。
3. トースターで15分ほど加熱し、出来上がったら小口切りにした青ねぎと半分に切ったスダチを添える。

032 Main Dishes
Stewed Mackerel

おふくろの味をホイルで再現
サバの味噌煮

材料 2人分
- サバ（切り身）…2切れ
- A ┬ 味噌…大さじ1/2
    ├ しょうゆ・砂糖…小さじ1
    └ 片栗粉…少々
- しょうが…1片

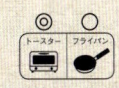

作り方
1. しょうがは皮をむいて、半量はすりおろしに、半量はせん切りにして針しょうがにしておく。
2. アルミホイルにサバをのせ、Aの調味料に①のすりおろしたしょうがを加えたものを回しかけ、シンプル包み（→P6）する。
3. トースターで15分ほど加熱し、出来上がりに①の針しょうがをのせる。

Stewed Hamburg

ホイルを開ければ、湯気の中からジューシーバーグ！

煮込みハンバーグ

中まで火が通っていなかったり、逆に焦げてしまったりと
フライパンで作ると火加減の難しいハンバーグ。
でもホイルならふっくらジューシー、失敗なし！
極上の一品を是非ご家庭で。

材料　2人分
合いびき肉…200g
塩・黒こしょう…少々
玉ねぎ…1/4個
卵…1個
パン粉…大さじ3
牛乳…大さじ3
しめじ…1/2パック
さやいんげん…6本

<ソース>
ケチャップ…大さじ4
ウスターソース…大さじ3
赤ワイン…大さじ2
みりん…大さじ1/2

作り方
1. 玉ねぎはみじん切りにする。しめじは石づきを切ってほぐし、さやいんげんは筋を取っておく。パン粉は牛乳にひたしておく。
2. ボウルに合いびき肉、①の玉ねぎとパン粉を入れ、卵を割り入れる。塩・黒こしょうをふって粘りが出るまで混ぜる(a)。
3. 天板の上に大きめにアルミホイルを広げ、いんげんを並べる(b)。
   ☺肉の下に野菜をしくことで、下が焦げ付くのを防ぎます。
4. 肉だねを2等分し、小判型に成形し、③の上にのせる。ソースの調味料を混ぜ合わせたものを流し入れ、①のしめじを散らして封筒包み(→P6)する。
   ☺ソースの液量が多いので、こぼれないように注意。必ず天板を使用し、アルミホイルは大きめに広げて使用すること。
5. 天板ごとトースターに入れ、15分ほど加熱する。

034
Main Dishes

トースター	フライパン	魚焼きグリル
◎	○	

食欲そそる！ スパイスの香り豊かなインド料理

タンドリーチキン

タンドールと呼ばれる窯で焼かれたチキンを
"タンドリーチキン" と呼びますが、焼かずにホイルで蒸し焼きに。
タレにしっかり漬け込むのが美味しさの秘密。

材料　2人分

鶏もも肉…1枚（約300g）

A
- ヨーグルト…大さじ2
- カレー粉…大さじ1/2
- パプリカパウダー
　…小さじ1
- 塩…小さじ1
- にんにくすりおろし
　…小さじ1/2
- しょうがすりおろし
　…小さじ1/2

作り方

1. 鶏もも肉はひと口大に切る。
   ☺ 骨付きの手羽元で調理してもよいでしょう。

2. ポリ袋にAの調味料を入れ混ぜ合わせ、そこに①の鶏もも肉を加え、しっかりと揉み込む。
   ☺ できればこのまま1時間ほど冷蔵庫に入れておくと味が決まります。

3. アルミホイルに②の鶏肉をたれごとのせ、シンプル包み（→P6）する。

4. トースターで15分ほど加熱する。

Tandoori Chicken

035 Main Dishes

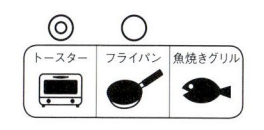

南仏の風がそよめく夏野菜の饗宴

ラタトゥイユ

トマトやズッキーニ、なすなど
夏野菜が美味しい季節にぜひ作ってほしいメニュー。
南フランスの郷土料理から、南仏の風を感じて！

材料　2人分
- トマト…1個
- ズッキーニ…1/2本
- なす…1本
- A
  - トマトカット缶…1/2缶
  - ケチャップ…大さじ1
  - にんにくすりおろし…小さじ1
- オリーブオイル…大さじ2
- 塩・こしょう…少々

作り方
1. なすとズッキーニはヘタを落として、縦4つ割りにしてから2㎝幅に切る。トマトは1㎝幅のざく切りにする。
   ☺ 野菜はそのほか黄や赤のパプリカ、玉ねぎなどもおすすめです。
2. 天板の上にアルミホイルを広げ、混ぜ合わせたAの調味料を入れ、①の野菜を並べる。上から塩・こしょうをふり、オリーブオイルを回しかけ、封筒包み（→P6）する。
3. 天板ごとトースターで15分ほど加熱する。

Ratatouille

036
Main Dishes

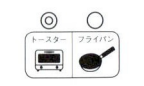

Oyster Pork

「ごはんおかわり」いただきました！

筍と豚肉のオイスター蒸し

材料　2人分
たけのこ（ゆで）…150g
豚薄切り肉…150g
もやし…1/2袋
青ねぎ…1/4本
A ┌ オイスターソース
　 │ 　…大さじ2
　 │ しょうゆ…小さじ2
　 │ 酒…大さじ1
　 │ 酢…小さじ1
　 └ 砂糖…小さじ1
塩・こしょう…少々

作り方
1. たけのこは縦に4つ割りにして薄切りに、青ねぎは小口切りにする。豚肉は食べやすい大きさに切る。
2. 天板の上にアルミホイルを広げ、もやし→豚肉→たけのこの順に並べ、塩・こしょうし、①の青ねぎを散らし、混ぜ合わせたAの調味料をかけ、封筒包み（→P6）する。
3. トースターで15分ほど加熱する。

037
Main Dishes

Stir-fried Vegetables

最近、野菜不足なあなたに

野菜炒め

材料　2人分
牛薄切り肉…100g
キャベツ…3枚
にんじん…1/3本
もやし…1/2袋
焼肉のタレ…大さじ1
塩・こしょう…少々

作り方
1. キャベツはざく切り、にんじんは拍子木切りにする。
2. アルミホイルに①の野菜ともやしを広げ、その上に牛肉を重ねる。焼肉のタレと塩・こしょうをかけ封筒包み（→P6）する。
3. トースターで15分ほど加熱する。

038 Main Dishes

Chanchanyaki

北の大地から生まれたあったか郷土料理

鮭のちゃんちゃん焼き

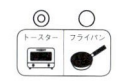

材料　2人分
- 生鮭（切り身）…2切れ
- キャベツ…3枚
- もやし…1/2袋
- 玉ねぎ…1/2個
- にんじん…1/3本
- A
  - 味噌…大さじ2
  - 砂糖・酒・みりん…各大さじ1
  - にんにくすりおろし…小さじ1/2
- バター…10g

作り方
1. 鮭に塩・こしょう（分量外）をふる。キャベツはざく切り、にんじんは拍子木切りに、玉ねぎは薄切りにする。
2. アルミホイルに①の野菜ともやしを広げ、その上に①の鮭を重ねる。混ぜ合わせたAの調味料をかけ封筒包み（→P6）する。
3. トースターで15分ほど加熱し、出来上がりにバターをのせる。

039 Main Dishes

Grilled Salted Pork

肉とソースの黄金コンビに食べすぎ注意報！

豚バラのねぎ塩焼き

材料　2人分
- 豚バラブロック…200g
- 塩・こしょう…少々
- A
  - 長ねぎ…1/3本
  - ごま油…大さじ2
  - 中華だしの素…小さじ1
  - 塩…少々

作り方
1. 豚バラブロックは1cm厚さにスライスする。長ねぎは白い部分を使い、みじん切りにする。
2. アルミホイルを広げ①の豚肉をのせ、塩・こしょうする。混ぜ合わせたAの調味料を上にかけシンプル包み（→P6）する。
3. トースターで15分ほど加熱し、ねぎ塩だれとともにいただく。

トースター	フライパン	魚焼きグリル
◎	○	

今夜は具だくさんディップパーティ

チーズフォンデュ

濃厚な味わいのチーズソースに
野菜やパンをつけて味わうチーズフォンデュ。
蒸しただけの野菜でも
コクあるソースをつけて食べれば、ひと味違う！

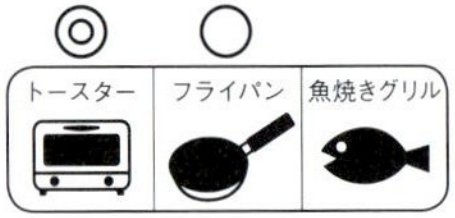

材料　2人分

＜ソース＞
溶けるチーズ…200g
小麦粉…小さじ1
コンソメ…小さじ2
牛乳…100ml

＜具材＞
ブロッコリー…1/4株
スナップエンドウ…4本
ソーセージ…4本
プチトマト…4個
食パン…1/2枚

作り方

1. ブロッコリーは小房にわけ、スナップエンドウは筋を取る。食パンは1.5cm角のサイコロ状に切る。
   ☺ そのほか、海老やじゃがいもなど具材はお好みでどうぞ。

2. 野菜は一度水にくぐらせ、アルミホイルの上に重ならないように並べ、ソーセージと一緒に封筒包み（→P6）する。
   ☺ 野菜に水をくぐらせることで、ホイルの中で蒸し焼きの状態に。少量の水をふりかけるのでも可。

3. ソースを作る。アルミホイルで直径7cmほどの大きさのホイルコップ（→P40）を作り、ソースの材料をすべて入れる。

4. 天板の上に②と③を並べ、トースターで10分ほど加熱する。
   ☺ ソースがだまにならないようにするために途中で何度かかきまぜると◎。

5. ①の食パンをトースターで1〜2分ほど焼き、④の野菜に添える。

040
Main Dishes

Cheese Fondue

トースター	フライパン	魚焼きグリル
◎	○	

ピリリと効いた薬味がベストマッチ

柚子こしょうの辛味鶏

風味豊かな柚子こしょうを効かせた
鶏肉料理はふっくらジューシー。
シンプルな材料ながら、ピリッとパンチが効いた一品。

材料　2人分

鶏もも肉…1枚（約300g）
青ねぎ…6本

A
柚子こしょう…小さじ1
酒…大さじ2
塩…少々
七味唐辛子…適量

作り方

1. 鶏もも肉は食べやすい大きさに切る。青ねぎは小口切りにする。
2. アルミホイルに①のねぎを広げ、上に①の鶏もも肉をのせ、混ぜ合わせたAの調味料をかけシンプル包み（→P6）する。
   ☺ 柚子こしょうがかたまらないように調味料はしっかり混ぜましょう。
3. トースターで15分ほど加熱する。

Spicy tasting Chicken

ホクホク豆とたっぷりトマトが好相性
豆とソーセージのトマトグラタン

食べごたえのあるソーセージ＆チーズに加え、
栄養価の高い豆まで入ったボリューム満点の一品。
たっぷりのトマトソースなのでパンを添えて召し上がれ！

材料　2人分
- ミックスビーンズ…150g
- ソーセージ…4本
- プチトマト…6個
- 溶けるチーズ…50g
- A
  - トマトカット缶…1/2缶
  - ケチャップ…大さじ1
  - 塩・黒こしょう…各少々
- オレガノ（乾燥）…少々

作り方
1. アルミホイルで適当な大きさのBOXスタイル（→P7）を作る。
2. ソーセージは4等分に、プチトマトはヘタを取り半分にする。
3. 天板の上に①の容器をのせ、そこに②とミックスビーンズを広げ、Aを混ぜ合わせたものをかけ、溶けるチーズを散らす。
4. 天板ごとトースターに入れ、15分ほど加熱する。出来上がりにオレガノをふる。

☺ 出来上がる5分ほど前に同じトースターでパンも焼いてしまえば、エコ調理に。

042
Main Dishes

Gratin de Tomates

043
Main Dishes

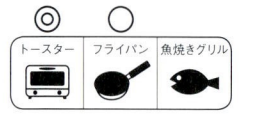

Japchae

トースター ／ フライパン ／ 魚焼きグリル

春雨戻さず、野菜炒めず、でも旨い！

チャプチェ

アルミホイルを使えば、
春雨を戻さずそのまま調理できるからお手軽！
甘辛い味付けについついごはんが進むメニュー。

材料　2人分
牛こま切れ肉…100g
春雨（乾燥）…30g
しいたけ…2 個
ニラ…1/2 把
玉ねぎ…1/4 個
にんじん…1/4 本
A ┌ しょうゆ…大さじ 2
　│ 砂糖…大さじ 1
　│ にんにくすりおろし…小さじ 1
　└ 塩…小さじ 1/2
白ごま…適量

作り方
1. しいたけと玉ねぎは薄切り、ニラは3㎝幅に切り、にんじんは短冊切りにする。
2. アルミホイルに①の野菜、春雨、牛肉の順にのせる。混ぜ合わせた A の調味料を回しかけ封筒包み（→ P6）する。
   ☺野菜を下、牛肉を上にして、その間に春雨を入れサンドさせること。そうすることで野菜の水分と牛肉のうまみを春雨が吸ってくれます。
3. トースターで 15 分ほど加熱し、出来上がりに白ごまを散らす。

薄切り豚肉で、しつこさカット！

ヘルシー蒸しギョプサル

豚の三枚肉を豪快に焼くサムギョプサル。
これをヘルシーにするために
アルミホイル＆薄切りの肉で大胆アレンジ！

044
Main Dishes

材料　2人分
豚バラ肉しゃぶしゃぶ用…200g
もやし…1/2袋
キムチ…100g
にんにく…3片
ごま油…大さじ1
サンチュ…8枚
コチュジャン…適量

作り方
1. アルミホイルにもやしを広げ、その上にキムチをのせ、まわりを囲むように豚バラ肉をのせてごま油を回しかける。
2. 皮をむいて軽くたたいたにんにくをまるごと入れ、封筒包み（→P6）する。
3. トースターで15分ほど加熱し、出来上がりにサンチュとコチュジャンを添える。

☺ あればコチュジャンの代わりにサムジャンを使うとよいでしょう。

Samgyeopsal

Stewed Sea Bream with Orange

045
Main Dishes

白身魚&柑橘類の素敵なマリアージュ
鯛のオレンジ蒸し

淡白な鯛の切り身をハーブ&オレンジで
さわやかに蒸しあげた、見た目にもオシャレな一品。
フルーツの酸味がアクセントになっていて、
味わいも軽やか！

材料　1人分
鯛(切り身)…1切れ
オレンジ…1個
ローズマリー(生)…2本
白ワイン…40cc
塩・黒こしょう…各少々

作り方
1. 鯛の切り身は2等分にし、塩・黒こしょうで下味をつける。オレンジは1cm幅のスライスを3枚切り、残りは皮をむき、さいの目に切る(a)。
2. アルミホイルの上に①の鯛→スライスしたオレンジ→鯛→オレンジを交互に並べる(b)。
3. ②のまわりにさいの目に切ったオレンジとローズマリーを入れ、白ワインを回しかけ封筒包み(→P6)する。
4. トースターで15分ほど加熱し、出来上がりに黒こしょうをふる。

046

トースター	フライパン	魚焼きグリル
◎	○	

ぷりぷり食感の本格エビチリがお手軽に！

エビチリ

調味料と海老を合わせてホイルで包み、
あとはトースターへ。
炒めないで蒸す、だから失敗知らず！

材料　2人分
海老（むき海老でも可）
　　　　　　　…10尾
塩…少々
長ねぎ…1/4 本
A
┌ トマトカット缶…1/2 缶
├ ケチャップ…大さじ 2
├ 豆板醤…少々
└ 片栗粉…小さじ 1

作り方

1. 海老は殻をむいて背ワタと尾を取り、水で洗った後水気をふき塩をふる。長ねぎは白い部分を使い、みじん切りにする。
　☺ 出来上がると身が小さくなるので、むき海老を使う場合は大きいものを使用しましょう。

2. アルミホイルの上に①の海老を広げ、①の長ねぎとAの調味料を混ぜ合わせ上からかけ封筒包み（→ P6）する。
　☺ 片栗粉がだまにならないよう、かける直前でよく混ぜること。

3. トースターで 15 分ほど加熱する。
　☺ カットしたレタスなどをしいた器に盛ると見た目にもキレイ＆栄養も UP します。

Shrimp with
Chili Sauce

覚えておきたい和のお惣菜

肉豆腐

「ひとり分の鍋料理は作るのが面倒」という時におすすめ！
材料と調味料を入れてトースターへ。
それだけで立派なすき焼き風おかずに。

材料　1人分
- 牛薄切り肉…100g
- しいたけ…2枚
- 長ねぎ…1本
- 木綿豆腐…1/2丁
- 糸こんにゃく…50g
- A ┌ 酒…大さじ1
　　├ しょうゆ…大さじ2
　　└ 砂糖…大さじ1

作り方

1. しいたけは薄切り、長ねぎはななめ薄切りにする。木綿豆腐は水気をきって4等分にし、糸こんにゃくは7〜8cmほどの長さに切る。
   ☺ お好みでくし切りにした玉ねぎを入れてもOK。甘みが出ておいしくなります。豆腐は焼き豆腐でも代用可。

2. 市販の焼肉たれ皿深型（→P114）に、牛肉と①の材料を並べ、混ぜ合わせたAの調味料をかけ、アルミホイルでしっかりと密閉する。

3. トースターで15分ほど加熱する。
   ☺ 途中でふたをあけ、汁を具材にかけると味がよく染み込みます。

047
Main Dishes

Modified Sukiyaki

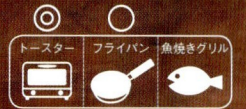

トースター | フライパン | 魚焼きグリル

簡単なのに、彩りよく見栄えが豪華！

鶏肉とレモンのハーブ包み

彩りもキレイで見た目にも華やかなメニュー、
でも、じつは驚くほど簡単！
ハーブ類の香りと味がしっかり付いているので、
お弁当のおかずにもおすすめです。

材料　2人分

鶏もも肉…1枚（300g）
塩・黒こしょう…各少々
じゃがいも…1/2 個
にんじん…1/2 個
レモン（スライス）…2枚
にんにく…1片

A ┌ ローズマリー（乾燥）…少々
　├ タイム…少々
　└ ローリエ…1枚

オリーブオイル…小さじ1

作り方

1. 鶏肉はひと口大に切り、塩・黒こしょう
をふる。じゃがいもとにんじんは1.5cm
のさいの目切りにする。にんにくは皮を
むき、スライスにする。レモンはいちょ
う切りにする。
☺ 輪切りにしたレモンを十字に4等分にする
といちょう切りになります。

2. アルミホイルの上にオリーブオイルをひ
き、①の野菜を広げる。その上に①の
鶏肉とレモンをのせ、にんにく、Aのハー
ブ類を入れて封筒包み（→ P6）する。
☺ レモンの風味をしっかりと効かせたい場合は
封をする前にレモン汁をかけるとよいでしょう。

3. トースターで25分ほど加熱する。

048
Main Dishes

Chicken with Herbs

049
Main Dishes

Corned Beef Dumplings

変わり種 "減塩" 餃子

コンビーフ餃子

| トースター | フライパン |

材料　2人分

コンビーフ…1缶
キャベツ（葉）…4枚
玉ねぎ…1/4個
にんにくすりおろし
　　　　…小さじ1
餃子の皮…12枚
ごま油…小さじ2
ポン酢…適量

作り方

1. コンビーフは缶からあけ、ほぐしておく。キャベツと玉ねぎはみじん切りにする。
2. ボウルに①の材料とにんにくのすりおろしを入れ、よく混ぜ合わせる。出来上がった肉だねを餃子の皮で包む。
3. アルミホイルにごま油をしき、②の餃子を並べ、再度ごま油を回しかける。少量の水（分量外）をふりかけシンプル包み（→ P6）する。
4. トースターに入れ、15分ほど加熱する。お好みでポン酢を添える。

Main Dishes

Mille-feuille with Pork and Lettuce

層が織りなす美味しさの真骨頂

豚肉とレタスのさっぱりミルフィーユ

| トースター | フライパン |

材料　2人分

豚バラ肉…200g
レタス…3枚
レモン…1/2個
A ┌ 白ワイン…大さじ3
　└ しょうゆ…大さじ3

作り方

1. レタスは食べやすい大きさにちぎる。レモンは薄い輪切りにする。
2. 天板の上にアルミホイルを広げ、レタス→豚肉→レタス→豚肉の順に交互に並べ、その上にレモンをのせ、Aの調味料を回しかけ封筒包み（→ P6）する。
3. 天板ごとトースターで15分ほど加熱する。
   ☺ 出来上がりに水分が出るので天板はマスト。

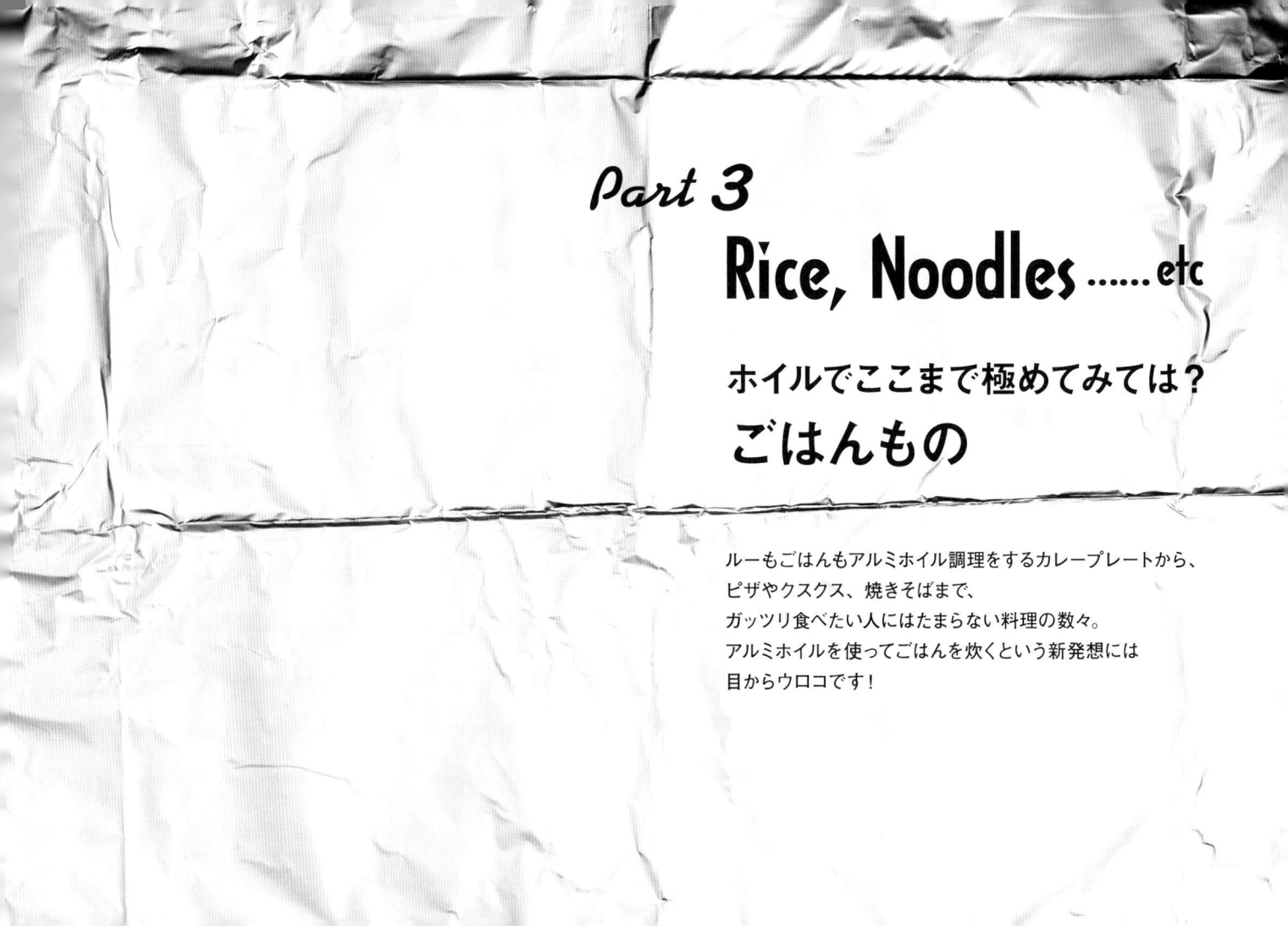

Part 3
Rice, Noodles ……etc

ホイルでここまで極めてみては？
ごはんもの

ルーもごはんもアルミホイル調理をするカレープレートから、
ピザやクスクス、焼きそばまで、
ガッツリ食べたい人にはたまらない料理の数々。
アルミホイルを使ってごはんを炊くという新発想には
目からウロコです！

「おうち de パエリア」、なのにレストランの味

パエリア

海老やアサリなどシーフードから出た旨味を
ごはんにギュッととじ込めるパエリア。
ホイルをあけた瞬間、テンションアップ！
しあわせになること間違いなしのごちそうごはんです。

トースター　フライパン　魚焼きグリル

材料　2人分
海老（殻付）…4尾
アサリ（殻付）…6個
玉ねぎ…1/4個
パプリカ（赤・黄）…各1/4個
ピーマン …1/2個
米…1合
A ┌ 水…180ml
　│ にんにくすりおろし…小さじ1
　│ ターメリック…少々
　└ コンソメ…小さじ1
塩・こしょう…各少々
レモン…1/2個
パセリ…適量

作り方

1. 海老は殻付のまま背ワタを取り水で洗った後、水気をふき、塩・こしょうする。アサリは塩水につけて砂抜きしておく。玉ねぎはみじん切りに、パプリカとピーマンは 5mm幅の細切りにする。
   ☺ アサリの砂抜きと洗い方については P93 を参照。

2. 天板の上にアルミホイルをしき、米を広げる。その上に①の野菜と海老とアサリ、混ぜ合わせた A を回し入れ、封筒包み（→ P6）する。
   ☺ 水分が多いので、こぼれないように注意。必ず天板を使用し、アルミホイルは天板よりもひとまわり大きいものを用意しましょう。米は洗わず使用することで、だしの旨味をしっかり吸収してくれます。

3. 天板ごとトースターに入れ、20分ほど加熱し、トースターから取り出し10分ほど放置し蒸らす。

4. 出来上がりに、くし切りにしたレモンを添え、お好みでパセリを散らす。

Paella

051
Rice, Noodles
......etc

052
Rice, Noodles
etc

肉まん革命ついに到来

チャーシューまん

甘い味付けのチャーシューを包んだこの肉まんは、
飲茶の本場・香港では定番の一品。
ホットケーキミックスを使って楽ちん調理！

材料　2個分
ホットケーキミックス…100g
水…30cc
サラダ油 …大さじ1
焼き豚ブロック（市販）…50g

作り方

1. 焼き豚ブロックは1cmほどの角
切りにしておく。
☺ 甘めのタレの焼き豚がおすすめ。

2. 生地を作る。ボウルにホット
ケーキミックスと水とサラダ油
を入れ、ひとまとまりになるまで
で全体をよく混ぜ合わせ、生
地がなめらかになるまでこねる。
☺ ポリ袋を使って混ぜ合わせる方法
もあり。そうすると洗いものが少なく
なります。

3. 打ち粉をした台に4等分した
生地を丸く広げ、①の焼き豚
を中心にのせ包み、まんじゅ
うの形にしていく。天板の上に
市販のアルミカップ（→P114）
をのせ、包み終わったチャー
シューまんをカップの上に1つ
ずつのせる。

4. 大きめに広げたアルミホイルの
上に③の天板をのせ、天板に
水（分量外）をはり、封筒包み
（→P7）する。
☺ アルミホイルを使って即席の蒸し器
を作る方法。天板には水は天板全
体がうっすら濡れる程度でOK。

5. トースターに入れ15分ほど加
熱する。

Steamed Char Siu Bao

053 Rice, Noodles ……etc

香味×辛味×彩りが五感をゆさぶるエスニック

ガパオライス

鶏ひき肉のバジル炒めごはんであるガパオライス。
ピリ辛のひき肉とバジルのさわやかな香り、
そして彩りのよい見た目に五感が刺激される！

材料　2人分
- 鶏ひき肉…200g
- パプリカ（赤・黄）…各1/2個
- ピーマン…1/2個
- A ┌ オイスターソース…大さじ1
　　├ ナンプラー…大さじ1/2
　　└ にんにくすりおろし…小さじ1
- 鷹の爪…1本
- 白ご飯…茶碗2杯分
- バジル（葉）…4枚
- 卵…2個
- サラダ油…適量

作り方
1. パプリカとピーマンは縦半分に切ってヘタと種を取り、1cm角に切る。
2. アルミホイルの中央に①の野菜を広げ、その上に鶏ひき肉をまんべんなく広げる。種を取り2等分した鷹の爪をのせ、混ぜ合わせたAを回し入れ、シンプル包み（→P6）する。
3. トースターに入れ、15分ほど加熱する。
4. ③を加熱している間に、目玉焼きを作る。天板の上にサラダ油を塗ったアルミホイルを広げ、卵を割り、封筒包み（→P6）する。③のひき肉が出来上がったら、続けてトースターに入れ3分ほど加熱する。
5. 器に白ご飯を盛り、ひき肉をほぐした③をかけ、④の目玉焼きをのせ、バジルの葉をちぎって散らす。

☺ 出来上がりはひき肉がかたまっているので、ほぐすように全体を混ぜ合わせると味がなじみます。

Gapao Rice

054

Rice, Noodle

トースター	フライパン	魚焼きグリル
◎	○	

生地はポリ袋、焼くのはホイル。だから洗いものゼロ

クリスピーピザ

シンプル・イズ・ベスト！ なマルゲリータを
生地から手作りして焼き上げます。
生地作りもポリ袋を活用するから洗いものなし！

材料　2人分

- 強力粉…80g
- A　ベーキングパウダー…3g
- 塩…少々
- 水…40ml
- モッツァレラチーズ
  …1袋（100g）
- バジル（葉）…4枚
- ピザソース…適量
- オリーブオイル…小さじ1

作り方

1. ポリ袋にAの材料を入れ、粉が混ざるようにふる。そこに何回かにわけて水を入れ、そのたびにポリ袋を膨らまし、ふって生地を混ぜる。表面がなめらかになり、全体がひとつにまとまってきたら、ポリ袋の上から軽くこね、10〜15分ほど生地を寝かせる。

   ☺ 耳たぶぐらいのやわらかさが目安。あまりこねすぎないように注意。

2. 打ち粉をした台に①の生地を広げ、天板に収まる大きさに丸く伸ばしていく。

3. 天板の上にアルミホイルを広げ、②の生地をのせ、ピザソースをぬり、適当な大きさに切ったモッツァレラチーズを散らす。

4. 天板ごとトースターに入れ、4分ほど加熱し、出来上がりにオリーブオイルを回しかけ、ちぎったバジルを散らす。

Pizza

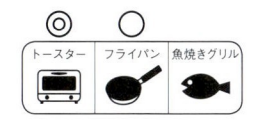

お手軽パスタは"ゆで時間ナッシング！"

ニョッキのクリーミーソース

じゃがいもと粉から作ったパスタ「ニョッキ」を使って、
チーズクリームの濃厚パスタに仕上げます。
ゆでる必要がないのはアルミホイル調理ならでは！

材料　2人分

ニョッキ（市販）…200g
スライスベーコン　…1枚
溶けるチーズ　…40g

A ┬ 牛乳　…150cc
　├ 粉チーズ　…大さじ1
　├ コンソメ　…1個
　├ 片栗粉　…少々
　└ 塩・黒こしょう　…少々

作り方

1. スライスベーコンは5mmの細切りにする。
2. 天板の上にアルミホイルをしき、ニョッキと①のベーコン、溶けるチーズをのせ、混ぜ合わせたAの調味料を回しかけ、封筒包み（→P6）する。
☺ 手に入りやすい溶けるチーズと粉チーズを使用していますが、個性あるゴルゴンゾーラチーズを使うと香りも味も強くなります。
3. 天板ごとトースターで15分ほど加熱し、出来上がりに黒こしょう（分量外）をふる。
☺ 途中で一度混ぜるとチーズがよく溶けて、なめらかなチーズクリームに仕上がります。

055

Cream Cheese Gnocchi

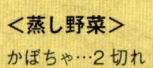

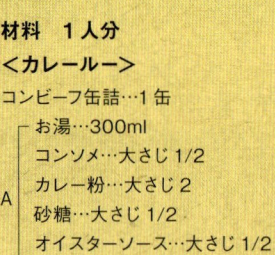

Column

ルー＆ごはん＆野菜、ぜんぶアルミホイルで作れます！

彩り蒸し野菜のカレープレート

アルミホイルでごはんもふっくら美味しく炊けるとは！
炊飯器に頼らない次世代のごはんの炊き方、教えます！

☆アルミホイルで作る、ふっくらごはんの炊き方

1. 米を研ぐ
1/2カップのお米を市販の焼肉たれ皿深型（→P114）に入れ、米を研ぐ。

2. 水を入れる
蒸発しやすいので、米と同量よりやや多めの水（100～110ml）を注ぐ。

3. 密閉する
アルミホイルでしっかりと密閉し、トースターに入れ25～30分ほど加熱する。

4. 蒸らす
出来上がったら一度あけ、空気を入れるように混ぜてからまた閉め、蒸らす。

☆カレールー＆蒸し野菜の作り方

しっかりとろみがつくカレールーは、
さまざまな調味料を効かせた複雑な味わい。
蒸し野菜も一緒にトースターへIN！

材料　1人分

＜カレールー＞
コンビーフ缶詰…1缶

A
お湯…300ml
コンソメ…大さじ1/2
カレー粉…大さじ2
砂糖…大さじ1/2
オイスターソース…大さじ1/2
小麦粉…大さじ1

粉チーズ…少々

＜蒸し野菜＞
かぼちゃ…2切れ
アスパラガス…2本
パプリカ（赤・黄）…各1/8個
オリーブオイル…小さじ1

Vegetable Curry and Rice

056
Rice, Noodles
……etc

作り方

1. 市販の焼肉たれ皿深型（→ P114）にコンビーフをほぐして入れる。Aの調味料を注ぎ、全体をよく混ぜ合わせ、アルミホイルをしっかりと密閉する。
2. かぼちゃは薄切り、アスパラガスは2等分に、パプリカは5mm幅の細切りにする。
3. 天板にアルミホイルを広げ、オリーブオイルをしき、水にくぐらせた②の野菜を並べ、封筒包み（→ P6）する。
4. トースターに①と②を一緒に入れ15分ほど加熱する。器に白ご飯を盛り、蒸し野菜を並べ、カレールーの上に粉チーズをふる。

057

Rice, Noodles
......etc

Couscous

トースター	フライパン	魚焼きグリル
◎	○	

太陽の恵みいっぱいの北アフリカ料理

クスクスのトマトリゾット風

モロッコやチュニジアなど北アフリカで主食として
食べられている極小パスタ "クスクス"。
トマト＆ツナ缶で旨味たっぷりの味を吸わせちゃいます。

材料　2人分

クスクス…100g
玉ねぎ…1/4 個
ツナ缶…1 缶
A ┌ トマトカット缶…1/2 缶
　├ にんにくすりおろし…小さじ 1
　├ コンソメ…小さじ 2
　└ 水…1 カップ
粉チーズ・パセリ（乾燥）
　　　　　　…各少々

作り方

1. 玉ねぎはみじん切りにする。ツナ缶は油を切っておく。
   ☺ オイル仕立てでなく、スープ仕立てのツナ缶の場合、汁ごと使って旨味をアップさせてもよいでしょう。その場合、水の量を減らして調節を。

2. 市販の焼肉たれ皿深型（→ P114）にクスクスと①の玉ねぎ、ツナを入れ、混ぜ合わせた A の調味料を注ぎ、全体をよく混ぜ、上に粉チーズをふりアルミホイルでしっかりと密閉する。

3. トースターで 15 分ほど加熱し、出来上がりに粉チーズとパセリを散らす。
   ☺ 本場・北アフリカでされているように、このクスクスに野菜を煮込んだスープ（たとえば P39 のミニポトフなど）をかけて食べても美味です。

Steamed Rice Vermicelli

ひと手間省けるお手軽メシ
蒸しビーフン

材料　2人分

味付ビーフン…100g
豚こま切れ肉…80g
キャベツ…1/4個
にんじん…1/2本
しいたけ…1個
ピーマン…1個
A ┌ 中華だしの素…大さじ1
　└ 水…100ml
ごま油…大さじ1
塩・こしょう…少々

作り方

1. キャベツは食べやすい大きさにざく切りに、にんじんはせん切り、しいたけは薄切り、ピーマンは種を取り、細切りにする。
2. 天板の上にアルミホイルをしき、①の野菜、豚肉、ビーフンの順にのせ、塩・こしょうし、混ぜ合わせたAの調味料とごま油を回しかけ、封筒包み（→P6）する。
3. 天板ごとトースターに入れ、15分ほど加熱する。出来上がりにビーフンをほぐすように全体を混ぜ合わせる。

059 Rice, Noodles……etc
Hot Dog

豪快にホイルをやぶいて、かぶりつけ！
ホットドッグ

材料　2人分

ホットドッグ用パン…2個
長めのソーセージ…2本
レタス…2枚
ケチャップ…適量
マスタード…適量

作り方

1. パンに食べやすい大きさにちぎったレタスをはさみ、その上にソーセージをのせる。
2. アルミホイルを広げ、中心に①のホットドッグを置きキャンディ包み（→P114）する。
3. トースターで10分ほど加熱し、出来上がりにお好みでケチャップやマスタードをかける。

060

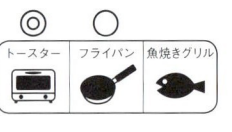

Rice, Noodles
......etc

**Steamed Noodles
with Sauce**

トースター｜フライパン｜魚焼きグリル

焼きそばなのに焼かないってマジですか？

こく旨焼きそば

美味しさ保証付きの炒めない焼きそばを紹介。
こく旨の秘密は、焼き肉のたれをソースに使うことと
仕上げにバターをのっけること！

材料　1人分

焼きそば用の麺…1玉
豚バラ肉スライス…2枚
キャベツ（葉）…1枚
玉ねぎ…1/4個
にんじん…1/4本
焼き肉のたれ…大さじ2
塩・こしょう…少々
バター…10g

作り方

1. 豚肉は10cm長さに切る。キャベツは食べやすい大きさにざく切り、玉ねぎは薄切り、にんじんは短冊切りにする。

   ☺ 短冊切りとは、4〜5cmに切ったにんじんの皮をむき、幅1cmほどの板状に切ってから縦に幅2mmくらいに切ることです。

2. アルミホイルを広げ、①の野菜、焼きそば用の麺、豚肉の順にのせ、塩・こしょうし、焼き肉のたれを回しかけ、封筒包み（→P6）する。

   ☺ 焼き肉のたれは甘口のほうがバターとの相性がよいですが、お好みで辛口を使用しても構いません。

3. トースターで15分ほど加熱し、出来上がったらバターをのせ、全体に絡ませる。

Part 4
Otsumami

お酒がすすむ絶品のアテ！
おつまみ

さらば、わびしい一人酒！
ビールにワイン、日本酒に焼酎など、
さまざまなアルコールに合う
多種多様なおつまみレシピを掲載。
簡単なのに味よし、見栄えよし、価格よしの
三拍子そろっているのがうれしい。

トースター　フライパン　魚焼きグリル

はふはふ言って味わおう！

アヒージョ

海老、砂肝、マッシュルームと3種の具材で楽しむ、
スペインのタパス料理"アヒージョ"。
残ったオイルは旨味たっぷりなので、
パンにつけて残らず味わって！

材料　2人分

むき海老…8尾
砂肝…4個
マッシュルーム…4個
┌ オリーブオイル…250ml
│ にんにくすりおろし…小さじ3
A │ 鷹の爪…1本
└ 塩…少々
フランスパン…適量

作り方

1. アルミホイルで適当な大きさの BOX ス
   タイル（→P7）を3つ作る。
   ◎ オリーブオイルに浸っているぐらいがいいので、
   10cm角ぐらいの大きさが◎。

2. むき海老は背ワタを取る。砂肝は 5mm
   幅に、マッシュルームは 3〜4 等分に
   切る。鷹の爪は種を取り、半分にする。
   ◎ 材料は牡蠣やタコなどを使ってもよいでしょう。

3. 天板にのせた①の容器に、それぞれの
   具材を入れる。混ぜ合わせた A の調味
   料をそれぞれの具材の上に均等にかける。

4. 天板ごとトースターで 12 分ほど加熱し、
   お好みでパンを添える。
   ◎ お好みでパセリを散らしても OK。彩りもよく
   なり、香りもプラスされます。

Ajillo

061 Otsumami

Shrimp

Chicken Gizzard

Mushrooms

トースター	フライパン	魚焼きグリル
◎	○	○

日本酒がすすむ乙な味

鯵のねぎまみれ

刺身用のアジにねぎとミョウガを
「これでもか!」とたっぷりのせた一品。
つまみにももちろん最高ですが、
このまま温かいごはんにのせてお茶漬けにしても美味です。

材料　2人分

アジ(刺身用)…1尾分
青ねぎ…6本
ミョウガ…1個
スダチ…1/2個
ポン酢…適量

作り方

1. アルミホイルで適当な大きさのBOXスタイル(→P7)を作る。
2. 青ねぎは小口切りに、ミョウガは粗めのみじん切りにする。
3. ①のBOXに切った青ねぎをしきつめ、その上にアジを並べ、さらに上からもう一度青ねぎをのせてサンドする。
   ☺ 中はレアぐらいがおいしいので、焼きすぎないように注意。あじはたたき用でもOK。1尾まるごとを使う場合は、ゼイゴをとり、三枚におろし、ぶつ切りに。
4. トースターで5分ほど加熱し、出来上がりに②のミョウガをのせ、ポン酢をかけ、スダチを添える。
   ☺ スダチがない場合はレモンでもよいでしょう。

Grilled Horse Mackerel

063
Otsumami

トースター	フライパン	魚焼きグリル

ユニークな見た目に、ハートが撃ちぬかれる！

長ねぎのリボルバー巻

回転式拳銃のシリンダーに見立てた長ねぎを牛肉で巻く。
牛肉巻きレシピは数あれど、こんなの見たことない！
これぞ男のロマンを感じさせる一品。

材料　2人分

牛肉しゃぶしゃぶ用…100g
長ねぎ…2本
- 砂糖…大さじ1
- A しょうゆ…小さじ4
- 酒…小さじ2

作り方

1. 長ねぎは3〜4cm幅に切る。
2. 長ねぎを中央に立てて写真のように置き、そのまわりをぐるりと牛肉で巻いていく。

   ☺ 牛肉は薄切り肉でも構いませんが、長ねぎをぐるりと巻くことができるような長さと幅のあるもののほうが巻きやすいです。長ねぎが動かないぐらいにギュッとしっかり巻くのがコツ。

3. アルミホイルに②をのせ、混ぜ合わせたAをかけ、シンプル包み（→P6）する。
4. トースターで15分ほど加熱する。

   ☺ しんなりとしたねぎがお好みならば20分ほど加熱すると◎。

Revolver Roll

064 Otsumami

噛むごとに肉汁があふれ出す

即席チャーシュー

チャーシューを家で作るとなると、肉をコトコトと長時間煮込むイメージだけど、このレシピなら面倒な作業なしでチャチャッと簡単。

材料　2人分

豚バラブロック…200g

A
- しょうがすりおろし…小さじ2
- にんにくすりおろし…小さじ2
- 酒…大さじ2
- しょうゆ…大さじ3
- はちみつ…大さじ1
- 粉山椒…小さじ1
- 鷹の爪…1/2本

作り方

1. 豚バラ肉は1cm幅のスライスに切る。
   ☺ 豚バラ肉は脂身が適度に入っているものを選びましょう。

2. 天板の上にアルミホイルをしき、①の豚バラ肉を並べ、混ぜ合わせたAの調味料を回し入れ、封筒包み（→P6）する。
   ☺ 豚バラ肉を重ねずに並べることがポイント。そうすると調味液も少なめでOK。調味液にシナモンや八角などのスパイスをお好みで入れると、よりスパイシーな味に仕上がります。

3. 天板ごとトースターで15分ほど加熱し、一度ホイルを開け、豚肉をひっくり返して口を閉じ、さらに10分ほど加熱する。

Quick Char Siu

065
Otsumami

トースター | フライパン | 魚焼きグリル

アルミホイルを器にして、そのまま食卓へ

牡蠣のごま味噌土手焼き

味噌を土手のように塗りつけた "土手焼き"。
牡蠣やまいたけから出る旨味で土手を崩しつつ、
さらに味噌を絡めながら味わって。

材料　2人分

牡蠣…10個
まいたけ…1/2パック
A ┌ 味噌…大さじ2
　├ 酒…大さじ1
　├ みりん…大さじ1
　└ 砂糖…大さじ1
ごま油…小さじ1
青ねぎ…少々

作り方

1. ホイルコップ (→ P40) の要領で適当な大きさの皿に合わせて、写真のようなアルミホイルの器を作る。
   ☺ アルミホイルを重ねて舟の形にして簡単に作ってもOK。

2. 牡蠣は塩水で洗い、水気をきっておく。まいたけは食べやすい大きさにほぐす。青ねぎは小口切りにする。

3. ①の器にごま油をひき、②のまいたけ、牡蠣の順に並べ、混ぜ合わせたAの調味料でまわりをぐるりと囲むように塗っていく。
   ☺ 器のふちに土手のように味噌を塗るのが土手焼きなので、それを意識しましょう。

4. アルミホイルで軽くふたをし、トースターで12分ほど加熱、ふたを取ってさらに5分ほど加熱する。出来上がりに②の青ねぎを散らす。

Doteyaki

066
Otsumami

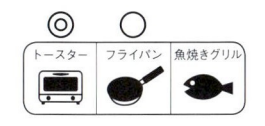

弾力あるせせりとシャキシャキセロリが相性抜群！

せせりとセロリ

せせり（別名こにく）は鶏の首の肉。
独特の歯ごたえが美味なせせりを
セロリと合わせてさわやかに仕上げます。

材料　2人分
せせり…150g
セロリ（茎）…1/3本
A ┌ 中華だしの素…小さじ1
　│ 塩・こしょう…少々
　└ ごま油…小さじ1
長ねぎ（白い部分）…少々
パプリカパウダー…少々

作り方

1. セロリはすじを取り、5〜6cm幅に切り、さらに縦に細切りにする。せせりは長いものはセロリに合わせて切る。長ねぎはみじん切りにする。
   ☺せせりは希少部位なのでスーパーマーケットでは入手するのが難しい場合は精肉店に行くとよいでしょう。入手できない時はそぎ切りにした鶏もも肉で代用してもOKです。

2. ごま油（分量外）をひいたアルミホイルにセロリを並べ、その上にせせりをのせる。混ぜ合わせたAを回しかけ、シンプル包み（→P6）する。

3. トースターで15分ほど加熱し、出来上がりに①の長ねぎを散らし、パプリカパウダーをかける。

Chicken and Celery

067

Otsumami

トースター	フライパン	魚焼きグリル
◎	○	

これぞつまみの定番でしょう！

イカのわた焼き

コクあるイカのわたが、イカをさらに美味しくします。
冷えたビールにも、焼酎のお湯割りにも、
はたまた日本酒でも、何とでも相性◎です！

材料　2人分

スルメイカ…1杯

A　┌ 酒…大さじ1
　　│ しょうゆ…小さじ1
　　└ しょうがすりおろし…少々

青ねぎ…少々

作り方

1. イカは胴体に切り込みを入れて開き、わたごと足を抜く。胴は軟骨を取り除き、皮をむきエンペラを切り離し、縦半分に切ってから1～1.5cm幅に切る。足部分はわたを取りだし、吸盤部分は切って食べやすく1本ずつにする。
   ☺ わたは使うので、破かないように注意しましょう。

2. 器に先ほど取り出したわたを入れ、Aを加えてよく混ぜ、①のイカの身と合わせる。

3. アルミホイルを広げ、②のイカをのせてシンプル包み（→ P6）する。

4. トースターで15分ほど加熱し、出来上がったら小口切りにした青ねぎを散らす。

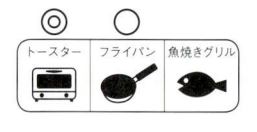

Squid Guts

楊枝でさして、ピンチョス風に

マッシュルームの生ハム詰め

スペイン・バルのおつまみといえば、
楊枝でさしてパクリとひと口で味わうピンチョス。
マッシュルームの形を利用したこのレシピは見た目もおしゃれな一品！

材料　2人分
- マッシュルーム…6個
- 生ハム（スライス）…15g
- オリーブオイル…大さじ1
- 塩・黒こしょう…少々

作り方

1. ホイルコップ（→ P40）の要領で適当な大きさの皿に合わせて、写真のようなアルミホイルの器を作る。
   ☺ アルミホイルを重ねて舟の形にして簡単に作ってもOK。

2. マッシュルームの石づきを取り、その部分に手でちぎった生ハムを詰める。

3. ①の器に②のマッシュルームを並べ、塩・黒こしょうをふり、オリーブオイルを回しかける。
   ☺ アルミホイルの器ごと、封筒包み（→ P6）してもよいでしょう。黒こしょうは粗びきのものを使うと風味がよくなります。

4. アルミホイルで軽くふたをして、トースターで5分ほど加熱する。

068
Otsumami

Prosciutto-stuffed Mushrooms

Steamed Clams

Otsumami
690

酒で蒸されて、アサリがふっくらぷりっぷり！
アサリの酒蒸し

居酒屋の定番「アサリの酒蒸し」は
じつは、アルミホイル調理に適した料理！
アサリの身がふっくら仕上がります。
身はもちろん、旨味たっぷりの汁までとことん食べつくせ！

材料　2人分
アサリ（殻付）…200g
酒…50cc
にんにく…1片
青ねぎ…適量
ごま油…少々

作り方
1. ボウルに入れたアサリにひたひたになるように水を注ぎ、塩少々（分量外）を入れて、紙などをかぶせ30分〜1時間置き、砂抜きする。その後、アサリの殻をこすり合わせるように洗い（a）、水気をきる。
   ☺ アサリの砂抜きは、できれば2〜4時間ほど置きましょう。
2. にんにくは皮をむき、スライスにする。青ねぎは小口切りにする。
3. ごま油をひいたアルミホイルに②のアサリをのせ、切ったにんにくと青ねぎを散らし、酒を回し入れ、封筒包み（→P6）する。
   ☺ 青ねぎは後のせでもOK。そうするとフレッシュな香りが楽しめます。
4. トースターで15分ほど加熱し、アルミホイルがプクーっと膨れてきたら（b）、一度ホイルをあけ、アサリの口が開いていたら出来上がり。

プチトマトの山椒焼き

目と舌を楽しませてくれるアミューズ・ブーシュ

アミューズ・ブーシュとはフランス語で
「口を楽しませるもの」という意味でひと口つまみ、
プチトマトとチーズ風味のスパイス・ブレンドを
2つの味で楽しむプチトマトのパリソン(有馬煮)とともに。

材料 2人分
- プチトマト…10個
- プチおとつスパイス(P102)…少々
- 粉チーズ…適量
- パセリ(乾燥)…少々
- オレガノ(乾燥)…少々
- 塩…少々

作り方
1. プチトマトのヘタを取る。
2. アルミホイルを2重に重ねて、中央にプチトマトを5個並べ、周囲をさらに、ダイカン(→P14)する。とんだしを薄く振りかけるはなく、有馬の2つを塩を加えて倒れたてする。これを2つ作る。
※キャンプで包みの造形がパーソンズ、ブルーチェ
に壁並べ側にすようにしましょう。
1の型面はプチトマトにさらしまょう。
2分度をふとんた手にてきます。

3. とろび上がったアルミホイルを開ける。
25℃、中火はブチトマトが焦げる
が焦げ目をはとんん、5分ぐらいが
かりとスタンドがぜんぜ進める。
4. トースターで2〜3分ほど加熱して、
焦げ目を付けてもOKです。
※プチおとつスパイスは、割いたプチューブ
ソの袋がプチンとはじけてきたら出来
上がり。

070
Otsumami

Grilled Cherry Tomatoes

Column

ワイン、日本酒、焼酎、ビール お酒の種類別・ベストマッチおつまみ

それぞれのお酒の特徴をより豊かに感じられる、最高の相性の"アテ"を紹介します。

---

071 Otsumami

Fried Pasta

> ワインのおともに

食べ始めたら、もう止まらない！

揚げパスタ

材料　2人分
パスタ（1.6mm）…50g
サラダ油…大さじ2
塩…適量

作り方

1. アルミホイルにパスタを広げ、その上にサラダ油を回しかけシンプル包み（→P6）する。

   ☺ トースターに入らない場合は、パスタを半分に折るとよいでしょう。

2. トースターで15分ほど加熱し、余分な油をキッチンペーパーでふき、出来上がりにまんべんなく塩をふりかける。

   ☺ 油が熱くなっているので取り出す時は注意。

---

072 Otsumami

Boiled Okra

> 日本酒のおともに

柚子こしょう風味で大人テイスト

オクラの柚子こしょう

材料　2人分
オクラ…8本
A ┌ めんつゆ…大さじ1
　├ 水…大さじ1
　└ 柚子こしょう…少々
かつお節…適量

作り方

1. オクラは縦半分に切る。

2. アルミホイルにオクラを並べ混ぜ合わせたAの調味料を回しかけシンプル包み（→P6）する。

3. トースターで10分ほど加熱し、出来上がりにかつお節を散らす。

   ☺ 納豆との相性も抜群。納豆と混ぜる場合、オクラは輪切りにすると食べやすいです。

073 Otsumami

Fish Sausage with Japanese Ginger

焼酎のおともに

こってりマヨ×さっぱりミョウガの"妙"

ちくわとミョウガのマヨネーズ焼き

材料　2人分
- ちくわ…2本
- ミョウガ…1本
- マヨネーズ…大さじ1～2
- ラー油…少々
- 七味唐辛子…少々

作り方
1. アルミホイルで適当な大きさのBOXスタイル（→P7）を作る。
2. ちくわとミョウガは縦半分に切って、5mm幅に切る。
3. ①の容器に②のちくわとミョウガを広げ、ラー油を回しかけ、マヨネーズをかける。
4. トースターで5分ほど加熱し、出来上がりに七味唐辛子をかける。

074 Otsumami

Mustard covered Spam

ビールのおともに

男は黙って、ビールにスパム！

スパムマスタード

材料　2人分
- スパム缶…1缶
- フレンチマスタード…大さじ2
- 粉チーズ…大さじ2

作り方
1. アルミホイルで適当な大きさのBOXスタイル（→P7）を作る。
2. スパムは1cm幅に切り、表面にフレンチマスタードを塗る。
3. ①の容器に②のスパムを並べ、上に粉チーズをかける。アルミホイルで軽くふたをして、トースターで10分ほど加熱する。

☺ ふたをせずにトースターに入れ、表面に焦げめをつけるのもおすすめです。

075
Otsumami

トースター	フライパン	魚焼きグリル

全国のきのこフリークに捧げます

きのこのジャングル焼き

しめじやえのき、まいたけ、エリンギ…
石づきもそのままにあらゆるきのこをホイルで包む。
無類のフリークにお届けするきのこ尽くしメニュー。

材料　2人分
しめじ（白、黒）
…各1/2パック
えのき…1/2袋
まいたけ…1/2パック
エリンギ…2本
青ねぎ…少々
ポン酢…適量

作り方

1. アルミホイルで10cmほどの大きさで深さのあるホイルコップ（→P40）を作る。

2. しめじ、えのき、まいたけは食べやすい大きさにほぐし、エリンギは縦に薄切りにする。青ねぎは小口切りにする。
　☺ 石づきをあえてそのままにして食べるレシピですが、気になる人はなるべくギリギリのところで石づきを切って使用しましょう。

3. ①の容器に②のきのこ類を立てるように並べていき、アルミホイルで覆いかぶせるようにふたをする。
　☺ 隙間が空くようであればきのこを追加して隙間を埋めるようにしてください。

4. トースターで15分ほど加熱し、出来上がりにポン酢をかけ、青ねぎを散らす。

Jungle Mushrooms

◎ トースター ○ フライパン ○ 魚焼きグリル

お揚げの中からドドーンと納豆！

きんちゃく納豆

油揚げをきんちゃくにして、
中に納豆プラスαのものを入れたヘルシーメニュー。
キムチやチーズで風味もUP！

材料　1人分
- 油揚げ…1枚
- 納豆…1パック
- キムチ…15g
- 溶けるチーズ…少々

作り方
1. 油揚げは両面に熱湯をかけて油抜きし、半分に切って袋を開いておく。納豆は同封されたたれを加え混ぜておく。
2. ①の油揚げに半量の納豆と溶けるチーズを入れ、つま楊枝で袋を閉じてきんちゃくの形にする。もう1つには残りの納豆とキムチを入れ、同様につま楊枝で袋を閉じる。
3. アルミホイルを広げ、②のきんちゃく納豆を置き、シンプル包み(→P6)する。
   ☺ アルミホイルの上にきんちゃく納豆を並べ、包まずにそのままトースターに入れて焼くのもおすすめです。油揚げに焦げ色がつき、サクサク度が増します。
4. トースターで10分ほど加熱する。

076
Otsumami

Kinchaku Natto

Addictive Chicken

077
Otsumami

つまみ界のゴールドメダル級！気がつけば骨の山

やみつき手羽中

照りの具合が見るからに美味しそうなこのメニューは
ビールがぐいぐい進んじゃう味！
しっかり味付けされているので、
お弁当にもおすすめです。

材料　2人分
手羽中…10本
A
- しょうゆ…大さじ4
- 酒…大さじ1
- みりん…大さじ1
- 酢…大さじ1
- はちみつ…大さじ1

白ごま…少々
ガーリックパウダー…少々

作り方
1. 手羽中は骨に沿って切り込みを入れ(a)、味を染み込みやすくする。
2. 天板の上にアルミホイルを広げ、①の手羽中を入れ、混ぜ合わせたAの調味料を回しかけ、シンプル包み(→P6)する。
   ☺ 調味液が多いので天板はマスト。こぼれないように注意しましょう。
3. 天板ごとトースターで15分ほど加熱したら、写真(b)のように、アルミホイルの口を開き表面にたれをかけ、焼き色が付くまで5分ほど加熱し、出来上がりに白ごまとガーリックパウダーをかける。
   ☺ さらに加熱する時はたれを上からかけるとより味が染み込み、焼き色もつきやすくなります。

Column

粋なホイル料理職人を目指すなら！
ホイル料理コワザ選手権

お酒のアテにもなるし、
料理にプラスONもできるお役立ちメニューを紹介します。

078
Otsumami

斬新すぎる魔法の粉！

アンチョビパウダー

こんな料理にプラスON

オイルベースのパスタや温野菜に

材料
アンチョビ…10 枚

作り方
1. キッチンペーパーにアンチョビをのせ、その上からさらにキッチンペーパーをかぶせる。全体をおさえるようにして余分な油をきる。
   ☺ バットなど重しをのせて 10〜20 分ほどそのまま放置しておくと、より効果的です。
2. アルミホイルに①のアンチョビを並べ、トースターで 10 分ほど加熱する。
3. カラカラに干からびた状態になったら、ポリ袋に入れて手でつぶしパウダー状にする。

079
Otsumami

洋風スープにおける絶対的エース！

コロコロクルトン

こんな料理にプラスON

スープやシーザーサラダに

材料
食パン…1 枚

作り方
1. 食パンは耳を切り、1cm 角のサイコロ状に切る。
2. アルミホイルに①の食パンを並べ、トースターでコロコロと転がしながら、こんがりと色づくまで 5 分ほど焼く。
   ☺ そのまま放置してしまうと均等に色がつかないので、菜箸を使ってコロコロと面を変えていくようにしましょう。

080
Otsumami

エンドレスに食べ続けられる！

カリカリベーコン

こんな料理にプラスON

サラダやパスタに

材料
スライスベーコン…3 枚

作り方
1. ベーコンは 2〜3cm 幅に切り、キッチンペーパーで水気をおさえる。
2. 天板にアルミホイルをしき、その上に①のベーコンを重ならないように並べる。
3. 天板ごとトースターに入れ、5 分ほど加熱する。余分な脂をふき取り、粗熱を取る。
   ☺ ベーコンから油がにじむので、こぼれて発火しないように注意しましょう。

Croutons

Anchovy Powder

Crispy Bacon

081
Otsumami

Stewed Sardine
with Ume

トースター ◎ / フライパン ○ / 魚焼きグリル

給料日前の酒のおともは、これに決まり!

いわしの梅煮

リーズナブル食材"イワシ"を
純和風に仕上げるメニュー。
梅と一緒に煮ることでまろやかな風味に!

材料　2人分

イワシ…2尾
梅干し…2個
しょうが…1片

A ┌ しょうゆ…大さじ1
　├ みりん…大さじ1
　└ 水…大さじ2

作り方

1. イワシはウロコを取り、頭を落として、内臓を取り除き、水で洗って水気をふく。しょうがは薄切りにする。梅は種を取り除き、半分に切る。
   ☺ 鮮度が落ちやすいイワシは、新鮮なものを選びましょう。目が濁っておらず、ウロコが付いているものが鮮度のよいものとなります。

2. アルミホイルに①のイワシを入れ、その上に①のしょうがと梅をのせる。混ぜ合わせたAの調味料を回しかけ、シンプル包み（→P6）する。

3. トースターで15分ほど加熱する。

トースター	フライパン	魚焼きグリル
◎		○

缶詰にひと手間加えるだけで、驚きの美味しさ！

つぶ貝のハーブバター

独特の食感が美味なつぶ貝に
バターとハーブをのせて焼いただけ。
なのに、めっちゃ旨い！

材料　2人分

つぶ貝（缶詰）…1缶
バター…10g
オレガノ…少々
パセリ（乾燥）…少々

作り方

1. つぶ貝は汁を切っておく。
   ☺ つぶ貝の缶詰は味付けのものを使用していますが、水煮でも大丈夫です。缶詰でなく、刺身用のものを使用してももちろんOKです。
2. アルミホイルに①のつぶ貝とバターをのせ、シンプル包み（→P6）する。
3. トースターで7分ほど加熱し、出来上がりにオレガノとパセリをふる。

082
Otsumami

Whelk flavoured with Herb Butter

083
Otsumami

手でつまんで、パクッとどうぞ！

かまぼこの
チーズ焼き

材料　2人分
かまぼこ…1本
ザーサイ（味付）…大さじ1
クリームチーズ…20g
青じそ…2枚

作り方
1. かまぼこは5mm幅に、青じそは縦半分に切る。ザーサイは大きいものは食べやすい大きさに切り、クリームチーズはスライスする。
2. かまぼこ、ザーサイ、クリームチーズ、青じその順に並べ、もう1つのかまぼこでサンドする。
3. アルミホイルに②のかまぼこサンドを並べ、シンプル包み（→P6）し、トースターで5分ほど加熱する。

084
Otsumami

七味がいい仕事してます

ピリ辛こんにゃく

材料　2人分
こんにゃく…1丁
A ┌ めんつゆ（3倍濃縮）…大さじ2
　├ ごま油…小さじ1
　└ 七味唐辛子…少々
鷹の爪…1/2本

作り方
1. こんにゃくはひと口大に手でちぎり、塩少々（分量外）でもんでサッと湯通しする。鷹の爪は種を取り、輪切りにする。
   ☺こんにゃくは味が染み込みやすくなるように、薄めにちぎりましょう。
2. 天板の上にアルミホイルをしき、①のこんにゃくと混ぜ合わせたAの調味料を入れ、シンプル包み（→P6）する。
   ☺めんつゆは薄めずに原液のままで使用すること。
3. トースターで10分ほど加熱し、出来上がりに輪切りの鷹の爪を散らす。

085
Otsumami

しょうが＆酢じょうゆでさっぱり！

まいたけの
しょうが酢焼き

材料　2人分
まいたけ…1パック
A ┌ 酢…大さじ1
　├ しょうゆ…小さじ1
　├ ごま油…小さじ1
　├ しょうがすりおろし…小さじ1
　└ 塩…少々

作り方
1. まいたけは食べやすい大きさにほぐしておく。
2. アルミホイルの上に、①のまいたけを広げ、混ぜ合わせたAの調味料を回し入れ、シンプル包み（→P6）する。
3. トースターで10分ほど加熱する。

Spicy Konjac

Fish Sausage with Cheese

Vinegared Maitake Mushrooms

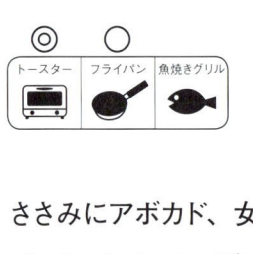

086
Otsumami

トースター / フライパン / 魚焼きグリル

ささみにアボカド、女子の大好物がいっぱい!

ささみとアボカドのわさび蒸し

淡白&ローカロリーのささみを
コクあるアボカドと合わせて、ボリューム UP。
わさびがふわっと香る、彩りキレイなつまみです。

材料　2 人分
ささみ…100g
アボカド…1 個
しめじ…1/4 パック
A ┌ わさび…小さじ 1/2
　├ マヨネーズ…大さじ 2
　└ しょうゆ…小さじ 1

作り方
1. ささみは筋を取りそぎ切りにする。アボカドは半分に切り種を取り、皮をむいて 5mm ほどの薄切りにする。しめじは石づきを切り、食べやすくほぐす。
   ☺ アボカドは縦にぐるりと切り込みを入れ、ひねるようにして半分に割るとキレイに半分になり、種も取りやすくなります。

2. アルミホイルを広げ、端からアボカド→ささみ→アボカド→ささみの順に重ね、まわりにしめじを散らす。混ぜ合わせた A の調味料を回しかけ、シンプル包み（→ P6）する。

3. トースターで 15 分ほど加熱する。

Tender Chicken and Avocado

087 Otsumami

この味を知ったら、もう普通の枝豆に戻れない！

えだ豆ペペロンチーノ

にんにく＆オリーブオイルのシンプルなパスタ
"ペペロンチーノ"の味付けを枝豆に。
この味を一度知ったら、もう普通の枝豆に戻れない！

材料　2人分
枝豆…100g
塩…小さじ1
A ┌ オリーブオイル…大さじ1
　│ にんにくすりおろし
　└ 　　　　　…小さじ1/2
鷹の爪…1本

作り方

1. 枝豆はこすり合わせるようにしてもみ洗い、水気をきって、塩をふる。鷹の爪は種を取り、輪切りにする。
   ☺ 枝豆の季節でない場合は、冷凍の枝豆を使用すると便利です。

2. アルミホイルに①の枝豆を広げ、混ぜ合わせたAの調味料を回しかけ、①の輪切りの鷹の爪を散らし、シンプル包み（→P6）する。
   ☺ にんにくは、すりおろしだとチューブを使えるので便利ですが、本格的なペペロンチーノ風に仕上げるなら、にんにくをみじん切りにして使用すると、存在感が増します。

3. トースターで15分ほど加熱する。

Edamame Peperoncino

088
Otsumami

トースター	フライパン	魚焼きグリル
◎		○

ふわふわとろっと、心地よい食感が癖になる！

カニとろろ

表面はふわっと、中はとろとろの食感が癖になる、
やさしい味のヘルシーメニュー。
山芋たっぷりなので、栄養もバッチリです！

材料　2人分

カニ缶…1/2 缶
山芋…1/4 本
めんつゆ（3倍濃縮）
　　　　　　…小さじ 1
卵…1 個
ポン酢…適量

作り方

1. アルミホイルで適当な大きさの BOX
   スタイル（→ P7）を作る。
2. 山芋は皮をむき、すりおろす。
3. ボウルにカニ缶を汁ごとあけ、②の山
   芋とめんつゆ、割りほぐした卵を入れ
   全体をよく混ぜ合わせる。

   ☺ 麺つゆは薄めずに使用すること。カニ缶の
   汁は旨味たっぷりなので、捨てずに使用しま
   しょう。

4. 天板の上に①の容器をのせ③を注ぎ、
   天板ごとトースターに入れ、7分ほど
   加熱する。お好みでポン酢をかけてい
   ただく。

   ☺ 表面がふっくらとしてきた頃が出来上がりの
   目安です。

Grilled Tororo and Crab

芳醇な香りが豊かな味わいを
レンコンのすっぱ煮

レンコンを和風に煮るシンプルな料理と思いきや、
そこに使うは"さっぱり"バルサミコ酢！
ぶどうから作るお酢を使うから、豊かで上品な味わいに。

材料　2人分
レンコン…300g
　（中くらいの1節）
A ┌ オリーブオイル…大さじ1
　│ 酒…大さじ1
　│ 砂糖・しょうゆ
　│ 　…各小さじ1
　└ バルサミコ酢…大さじ1
鷹の爪…1/2本

作り方
1. レンコンは皮をむき、1cm幅の輪切りにして4等分に切る。鷹の爪は種を取り、輪切りにする。
2. ポリ袋に①のレンコンを入れ、すりこぎで軽く叩き、混ぜ合わせたAの調味料を入れて手でもむ。
   ☺ れんこんを叩き粗く砕くことで、味が染み込みやすくなります。ただし、叩きすぎると形が残らなくなってしまうので注意！
3. 天板の上にアルミホイルをしき、②のレンコンを調味液ごと入れ、①の輪切りの鷹の爪を散らし、シンプル包み（→P6）する。
   ☺ 調味液が多いので液が漏れないように注意しましょう。
4. 天板ごとトースターに入れ15分ほど加熱する。

089
Otsumami

Lotus Root flavoured with Balsamic Vinegar

Galician-style Octopus

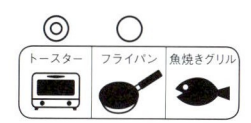

ほとばしる情熱のごとく、真っ赤に染まれ！

タコとじゃがいものガリシア風

スペイン・ガリシア地方の伝統的なタコ料理。
パプリカパウダーは「これでもか！」というほどたっぷりと。
見た目の赤さに反して、辛くはないのでご安心を。
タコとじゃがいもの食感の違いを存分に堪能して！

材料　2人分
ゆでダコの足…1本
じゃがいも…1個
オリーブオイル…大さじ2
パプリカパウダー…適量
塩…少々

作り方
1. じゃがいもは皮をむいて1.5cm角ほどの大きさに切る。タコはじゃがいもと同じぐらいの大きさのぶつ切りにする（a）。
   ☺ 食材の大きさを揃えて切っておくと、出来上がりの見栄えもよくなります。
2. アルミホイルの上に①のじゃがいもとタコを広げ、塩をふり大さじ1のオリーブオイルを回しかけシンプル包み（→P6）する。
3. トースターで15分ほど加熱し、出来上がりに再度、大さじ1のオリーブオイルを回しかけ（b）、上からパプリカパウダーをたっぷりふる。
   ☺ 出来上がりにオリーブオイルをかけることで、オリーブオイルのフレッシュな香りを楽しめます。できれば、エキストラバージンオイルなどの香りの豊かなものを。

包み方番外編 その2

キャンディ包み

●用意するもの
・幅30cm×長さ30cmのアルミホイル

30cm × 30cm

❶アルミホイルの中央に食材をのせる。上下左右にしっかりと余裕をもたせること。

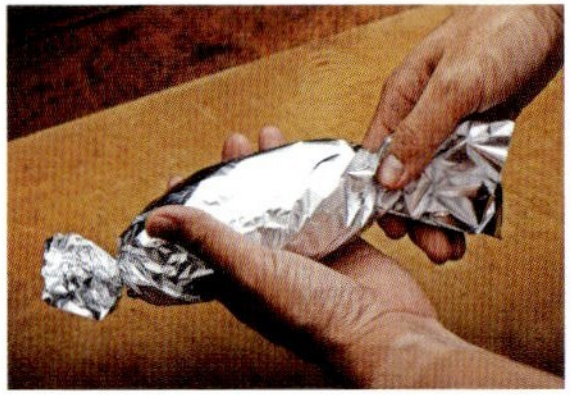

❷アルミホイルで食材をぐるぐると巻いていき、両はじをそれぞれねじってしっかり閉じる。

完成

★こんな料理にオススメ
シシカバブ（P48）、ホットドッグ（P79）、とろ〜りスイーツロール（P121）など、完成形が棒状のものに向いています。

まるごと包み

●用意するもの
・幅30cm×長さ30cmのアルミホイル

30cm × 30cm

❶アルミホイルの中央に食材をのせる。上下左右にしっかりと余裕をもたせること。

❷食材が完全に見えなくなるまでくしゃくしゃとアルミホイルでくるむ。

完成

★こんな料理にオススメ
野菜まるごと焼き（P34）、ローストビーフ（P42）、ベイクドフルーツ（P124）など、芋類などの蒸し焼き、中までじっくり火を通すものに向いています。

これも便利！

市販のアルミ皿活用術

スーパーや百均などで売られている市販のアルミ皿。BBQで使用するタレ皿や取り皿なども、アルミホイル調理に活用できます。お弁当には小さなカップ、スープ類には深めの焼肉たれ皿など、用途に合わせて使いましょう。

●焼肉たれ皿（深型）
→スープ類やごはん、デザート類に◎。このまま一人鍋として使う方法もあり。

●アルミホイル取り皿
→厚みのないおかず類やパエリアなどのごはんものなどに。天板代わりにも利用可。

●ホイルケース
→蒸しパンやチャーシューまん、お弁当のおかずに。薄い物は強度が弱いので二重にして使用。

Part 5
Desserts

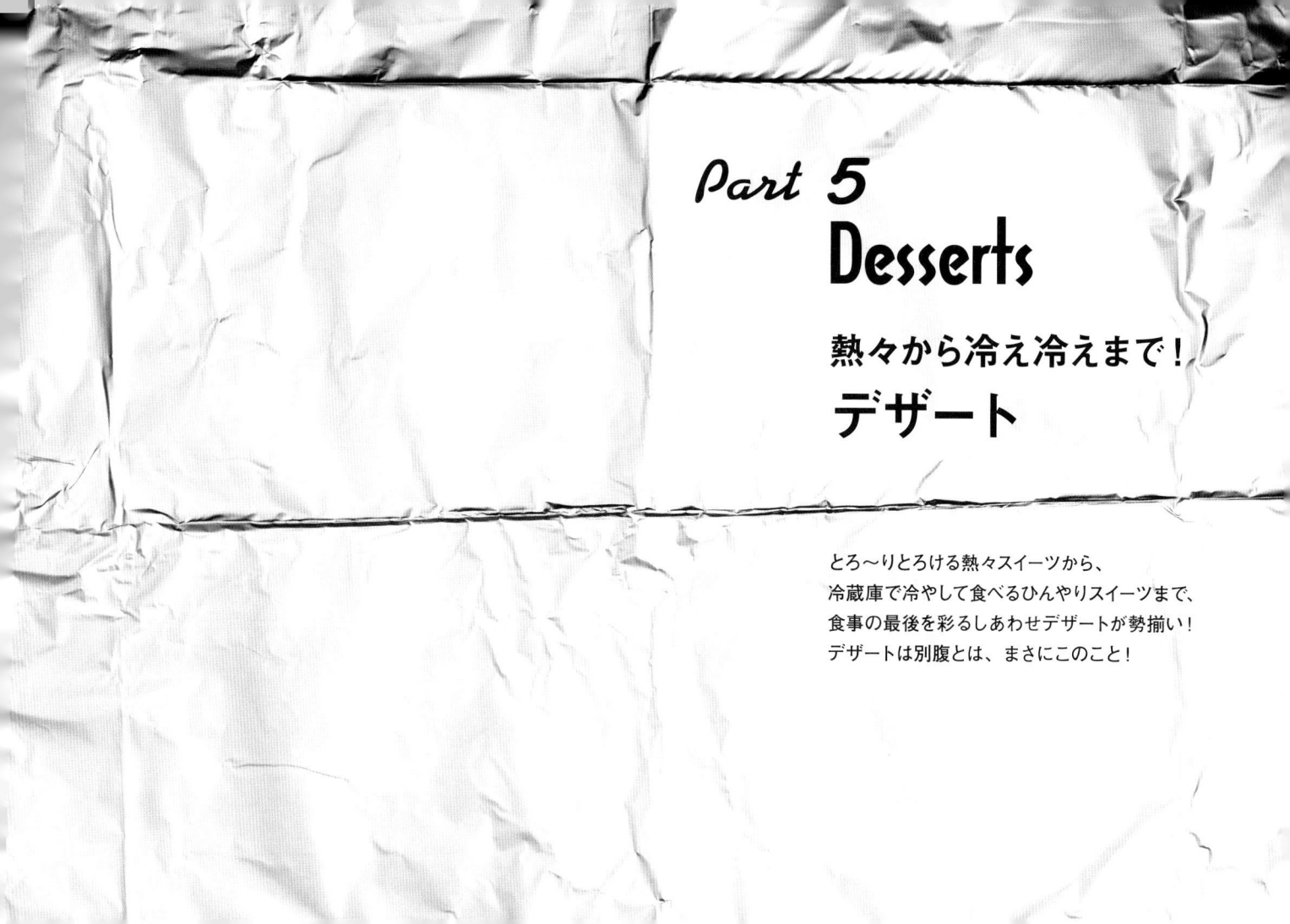

熱々から冷え冷えまで！
デザート

とろ～りとろける熱々スイーツから、
冷蔵庫で冷やして食べるひんやりスイーツまで、
食事の最後を彩るしあわせデザートが勢揃い！
デザートは別腹とは、まさにこのこと！

たっぷりベリーソース

ベリーソースからはじけるマシュマロの新食感

その甘みを包んでくれるいちごとブルーベリー。
マシュマロと一緒にカリカリに焼くと……。
目が覚めるような酸味やかなベリーソースの中に
とろけるマシュマロ。極上のデザートを召し上がれ!

材料 2人分

- いちご…6個
- ブルーベリー…50g
- マシュマロ（ミニサイズ）…30g
- バニラアイス…適量

作り方

1. いちごはヘタを取って4等分に切る。
2. 天板の上にアルミホイルをしく。①のいちごとブルーベリーをまんべんなくのせる。その上にミニマシュマロを散らし甘利用冷凍包み（→P6）する。
3. 天板ごとトースターに入れ、10分ほど加熱する。
   ※ベリー類から水気が出る。必ず天板を使用しましょう。フルーツはパイナップルや様々な果物をプラスしても美味しいです。
4. 器に盛りバニラアイスを添え、③のマシュマロソースをかける。
   ※出来上がりにミントの葉を飾ると見栄えがよくなります。

Berry Marshmallows

091
Desserts

092
Desserts
Sweet Potato

トースター	フライパン	魚焼きグリル

ホイルが進化、変幻自在の見せどころ

スイートポテト

アルミホイルでまるごとくるんで焼く代名詞ともいえる"焼き芋"。
そのままでも美味しいけど、一歩進化させて
見た目もオシャレなスイートポテトに仕上げます。

材料　2人分

さつまいも（中）…1本

A ┌ 生クリーム…20ml
　│ 砂糖…大さじ2
　└ バター…10g

卵…1個

作り方

1. アルミホイルで適当な大きさの BOX スタイル（→ P7）を作る。

2. さつまいもを洗い、縦半分に切る。アルミホイルを広げ、水にくぐらせたさつまいもを置き、キャンディ包み（→ P114）し、トースターで 25 分ほど加熱する。焼き上がったら、さつまいもを取りだし、スプーンでさつまいもの中身を丁寧にくり抜く。

☺ くるむ前にさつまいもを水にくぐらせることで、水分が蒸気となって蒸し焼き状態になります。出来上がりの目安は竹串がスッと通る程度。

3. ボウルに②のさつまいもを入れ、A を加えて混ぜ、そこに割りほぐした卵を加え、全体がなめらかになるまで混ぜ合わせる。

4. ①で作った BOX に③を入れて表面に模様をつけ、トースターで表面に色づくまで 5 分ほど加熱する。

☺ フォークの背を使ったり、ポリ袋の先端を切って絞り袋にするなどして、模様をつけてください。

4つのスイーツが奏でるカルテット

チョコバナマッシュ

火が入って甘みが増したバナナにとろ～りチョコレート、そしてザクザクビスケットとこんがりマシュマロの4つが絡み合い、「これぞスイーツの四重奏（カルテット）や～」。

材料　2人分
バナナ…1本
ビスケット…6枚（約30g）
バター…20g
チョコチップ…30g
マシュマロミニサイズ…50g

作り方
1. バナナは皮をむいて5mm幅の輪切りにする。バターは耐熱の器に入れ、トースターで1分ほど温め溶かす。
2. ビスケットをポリ袋に入れてすりこぎなどで砕き、①の溶かしバターを加えて混ぜる。
   ☺ ビスケットは完全に砕いてしまわず少し残しておくと、あとでザクザクとした食感を楽しめます。
3. 市販の焼肉たれ皿深型（→P114）に①のバナナ、②のビスケット、チョコチップの順にのせ、アルミホイルでふたをしてトースターで5分ほど加熱する。
4. 出来上がったらマシュマロミニサイズを散らし、再度トースターへ入れ1分ほど加熱し、マシュマロが色づいたら取り出す。
   ☺ マシュマロはすぐに焦げます。トースターから目を離さないよう注意。

093
Desserts

Mashed Chocolate Banana

094
Desserts

Baked Bread

食べると "ほっ" とする昔なつかしい味

蒸しパン

材料　2人分

- 薄力粉…150g
- 砂糖…40g
A 塩…小さじ 1/2
- ベーキングパウダー
　…4g

水…150cc
レーズン…適量

作り方

1. ポリ袋に A の材料を入れ、粉が混ざるようにふる。そこに水を入れ、生地がなめらかになるまでよく混ぜる。
2. 天板の上に市販のアルミカップ(→ P114)をのせ、①の生地をカップの高さの 1/3 まで入れ、上にレーズンを散らす。
3. 大きめに広げたアルミホイルの上に②の天板をのせ(写真)、天板に水(分量外)をはり、封筒包み(→ P6)し、トースターで 20 分ほど加熱する。
☺ 天板にはる水は天板全体がうっすら濡れる程度で OK。多すぎると水がこぼれるので注意しましょう。

095
Desserts

Ginger Cheese Cake

大人限定！　ほんのりしょうが味の濃厚ケーキ

ジンジャーチーズケーキ

材料　2人分

マスカルポーネチーズ
　…250g

- 砂糖…大さじ 3
- はちみつ…20ml
- 薄力粉…大さじ 1
A バター…10g
- しょうがすりおろし
　…小さじ 1/2
- レモン汁…小さじ 2

作り方

1. アルミホイルで適当な大きさのBOX スタイル(→ P7)を作る。
2. ボウルにマスカルポーネチーズを入れ、A を加えて混ぜ合わせ、全体がなめらかになったら、①のBOX に流し表面を平らにする。
3. 表面に焦げ色がつくまでトースターで 5 分ほど加熱し、出来上がったらアルミホイルでふたをして冷蔵庫で 1 〜 2 時間ほど冷やす。

096 Desserts

Gratin de Fruits

まるでフルーツの宝石箱

フルーツグラタン

材料　2人分
イチゴ…6個
キウイ…1個
バナナ…1本
ミカン（缶詰）…1/2缶
卵…3個
砂糖…大さじ5
牛乳…250ml
バニラエッセンス…少々

作り方
1. アルミホイルで適当な大きさのBOXスタイル（→P7）を作る。イチゴはヘタをとって半分に、キウイは皮をむいていちょう切り、バナナは皮をむいて薄切りに、ミカンは汁をきっておく。
2. ボウルに卵を割りほぐし、砂糖と牛乳を加えてよく混ぜ合わせ、バニラエッセンスを加える。
3. 天板の上にのせたBOXに②を注ぎ、上に①のフルーツを並べ、トースターで表面が色づくまで15～20分ほど加熱する。

---

097 Desserts

Fruit Sandwiches

アルミホイルを開ければ、怒涛の連続とろ～り！

とろ～りスイーツロール

材料　2人分
サンドイッチ用パン…4枚
マシュマロミニサイズ…30g
チョコレート（板）…1/2枚
バナナ…1/2本
イチゴ…2個

作り方
1. イチゴはヘタをとり4等分し、バナナは皮をむき、縦に4等分する。チョコレートは手で割る。
2. アルミホイルを広げ、サンドイッチ用のパンをのせ、①のフルーツ（イチゴかバナナどちらか）とチョコ、マシュマロをのせ（写真）、パンの対角線同士を合わせてぐるりと巻き、キャンディ包み（→P114）する。
3. トースターで10分ほど加熱する。

098
Desserts

トースター	フライパン	魚焼きグリル
◎	○	

やさしい味のきほんのレシピ

昔なつかしプリン

卵と牛乳と砂糖という
シンプルな材料で作るプリンは、
なんだか昔なつかしく、飽きのこない味わい。

材料　2個分

牛乳…180ml
卵…1個
砂糖…大さじ3
バニラエッセンス…少々
メイプルシロップ…少々

作り方

1. アルミホイルで直径7cmほどの大きさのホイルコップ（→P40）を作る。

2. ボウルに卵を割りほぐし、砂糖と牛乳を加えてよく混ぜ合わせ、バニラエッセンスを加える。

3. 天板の上にのせたホイルコップに②を注ぎ、アルミホイルで軽くふたをする。天板にごく少量の水を入れ、天板ごとトースターで15分ほど加熱する。

☺ 天板に水を入れることで蒸し焼き状態になります。ふたをしないで加熱すると焼きプリンになるのでお好みでどうぞ。

4. 出来上がったら冷蔵庫で1〜2時間ほど冷やし、食べる直前にメイプルシロップをかける。

☺ お好みで生クリームを添えたり、カラメルソースをかけたりしても美味。

Pudding

"ふんわりしっとり"な至福の朝食
しあわせのフレンチトースト

フライパンを使わずともバターの風味が生きた
ふわふわフレンチトーストが作れちゃいます。
食べた人が、みんなしあわせになる至福の味です。

材料　2人分
食パン（厚切り）…1枚
バター…10g
卵…1個
牛乳…150ml
砂糖…大さじ1
粉糖…少々

作り方
1. アルミホイルにバターをのせ、こぼれないように軽く土手を作り、1分ほどトースターで加熱し、バターを溶かす。
   ☺ 大きめのスプーンにバターをのせ、トースターの火の近くで30秒ほど温めるという方法でも可。
2. ボウルに卵を割りほぐし、砂糖と牛乳を加えてよく混ぜ合わせ、卵液を作る。4等分にした食パンを卵液にひたす。
   ☺ しっかりと卵液を染み込ませたい場合は食パンにフォークで数ヶ所、穴をあけるとよいでしょう。
3. 天板の上にアルミホイルをしき、①のバターを入れ、②の食パンを卵液ごと並べ、封筒包み（→P6）する。
4. トースターで10分ほど加熱し、出来上がりに粉糖をかける。

099
Desserts

French Toast

ベイクドアップル

上品なデザートに華麗な晩餐会

大人にはラム酒の風味をつけた、
焼きたてのジューシーな熱々リンゴをデザートする。
お酒が苦手な人は、
ブニラソースをかけてベイクドアップルを楽しむ。

〈焼きリンゴ〉
材料 1人分
リンゴ…1/2個
砂糖…大さじ1
シナモンスティック…1本
バター…10g
ラム酒…小さじ1

作り方
1. リンゴは種を取り、横に1cm幅の薄切りにする。
2. アルミホイルの中央に①のリンゴを並べ、砂糖とラム酒をふりかけ、シナモンスティックを添えてバターをのせ、アルミホイル包みにする（→p6）。
3. トースターで10分ほど加熱する。

〈ベイクドピーチ〉
材料 1人分
桃の缶詰…1/2缶
ブランデーシュガー…大さじ1
ラム酒…小さじ1
シナモン…適量

作り方
1. 桃は缶詰から取り出し、汁を切って4つくらいに切りわける。
2. アルミホイルの中央に①の桃を並べ、ブランデーシュガー、ラム酒の順にかけ、アルミホイル包み（→p6）する。
3. トースターで10分ほど加熱し、仕上げにシナモンを振る。

〈まるごとパケット焼き〉
材料 1人分
バナナ…1本
シナモンシュガー…小さじ1

作り方
1. アルミホイルの上にまるごとのバナナをのせ、まるごと包み（→p114）する。
2. トースターで10分ほど加熱する。
3. 出来上がったらアルミホイルから取りだし、器に盛り、一口分のかわをむいてシナモンシュガーをふりかける。

Baked Fruit

100 Desserts

おわりに

みなさん、いかがでしたか。

僕が小さい頃、母親がトースターで "白身魚ときのこのホイル焼き" を作ってくれました。その時に感じた「このホイルの中から何が出てくるのかな?」のドキドキ感、そしてホイルを開けるとそこから広がる湯気と香り、初めて絞るスダチ、料理が包まれたホイルを一人にひとつずつ与えられた喜び等々、子供心にこれだけのワクワクをもたらしてくれる料理はありませんでした。

今回、本の制作を進めていく中で、思い浮かんだのは母親に作ってもらったあの料理のこと。みなさんも誰かの喜ぶ顔が見たい時、アルミホイル料理を食卓に並べてみてください。
自分のためにパッと包むのもあり、みんなでたくさん包んでホイルパーティをしてみるのもあり、恋人のために愛と一緒に包むのも大いにあり。もちろん、バーベキューの時にもガンガン包んでください。きっとあなたにアルミホイル料理を作ってもらった人は、ワクワクしながら満面の笑みでアルミホイルを開けることでしょう。あの時の僕のように!

最後に、この本をきっかけに、アルミホイル料理を身近に感じてもらい、みなさんが幸せで包まれることを僕は心から願っています。

バーベ!

魔法の アルミホイルレシピ100

2014 年 8 月 18 日初版発行
2020 年 8 月 1 日 7 刷発行

監修　たけだバーベキュー

発行人　藤原寛
アートディレクション＆デザイン　高市美佳
ライティング　粟野亜美
スタイリング　ダンノマリコ
撮影　キッチンミノル
クックアドバイザー from 藤メシ　藤田裕樹（バンビーノ）
編集　長峰愛

発行　ヨシモトブックス
〒 160-0022　東京都新宿区新宿 5-18-21
TEL：03-3209-8291

発売　株式会社ワニブックス
〒 150-8482　東京都渋谷区恵比寿 4-4-9　えびす大黒ビル
TEL：03-5449-2711

商品協力　東洋アルミエコープロダクツ株式会社

印刷・製本　シナノ書籍印刷株式会社

本書の無断複製（コピー）、転載は著作権法上の例外を除き、禁じられています。落丁本・
乱丁本は㈱ワニブックス営業部宛にお送りください。送料弊社負担にてお取り替え致します。

©吉本興業
Printed in Japan
ISBN 978-4-8470-9263-3